U0119476

胡興邦　著

胡興鵰　潤稿

珠江台商風雲記

博客思出版社

張海亮　序

　　廣州興杭塑膠制品有限公司胡興邦董事長以登陸投資設廠期間，將二十餘年在廣東地區所見所聞，寫成「珠江台商風雲記」乙書，囑為本書寫序。海亮歷任番禺台協會長、現任廣州台協會長，對台商在大陸行事，無不主動或被動提供支援、服務。經閱台商風雲記全書五十五篇，幾全係台商、台幹在大陸經歷的故事，有大至投資、建廠。有小至生活、言行，涵蓋頗廣而多元。綜觀各篇似乎短而散，仍有聚合，可資吸取的經歷；也或有雜有亂，卻亂中成序，有一脈貫穿的風雲紀錄；小故事中有大道理，小言語中有大作為，頗具在大陸台商、台幹及欲往大陸工作、經商、投資者之參考。如再細讀，每篇內容皆未經美言修飾，一路行文，其真實性頗高，特電作者胡董稱，確屬二十年來深埋心中的真人真事，在七十古稀之筆，不吐不快。大哉斯言，按台商在大陸的報導極多，都是記者、作家等為文，而以台商的身份，親自執筆，似乎絕無僅有，直接、深入、真誠，故海亮樂為之序。

　　大陸幅員遼闊，與美國略同，但地形複雜不如美國，多平原、少山地。地源複雜，可供開發的市場也同樣廣大而多樣。大陸良指浩繁，世界第一，十三億以上的人口，幾為美國的四、五倍；可供製造的物資也同樣量大而多元。大陸的市場與人民的物資需求，與先進國家比，仍然偏低，其向上發展、提昇，是絕對的。兩岸關係最難的是政治法令因素，最利的則是同文同種，不論已登陸或欲登陸的台灣同胞，都甚一刀之二刃，利弊互見，但是大陸政治逐漸在進步中，環境也在改變中，風險與阻力也相對減輕中。台灣媒體對台商在大陸的報導都隱善揚惡，負面為多，成功的案例極多，缺少報導；失敗的案例，報導極

多，失敗的因素都歸責於大陸的政府或大陸的人，對自身失敗的因素確極少說明，導致的誤解，就相對地增高。事實上，台商在大陸的成功，多半依循手法、誠實、經營方向正確。失敗的原因都因個人因素，如財務、小三、生活糜爛等原因。快速成功的條件之一，是從成功者的肩膀向上走，踩著成功者的經歷，避免失敗者的元素，本書有許多案例可供參照。

　　台灣因幅員，物產少，經濟發展，必須仰賴對外貿易，而外貿重要條件，必須國內有發達製造業。自從蔣總統經國先生逝世後，將近卅年一個世代，在經濟上，少有重大的建設，國家的繁榮，都依賴經國先生當年遺留下來的成果；換言之，是靠吃老本生活，二十餘年來，老本逐漸枯竭，經濟每況愈下；表面的榮景，全靠私人企業支撐，就業率下降，失業率上升，企業或年輕人必須向國外發展，而語言成為重要的障礙之一，相對的，兩岸同文同種，大陸逐成為台灣人向外發展的首選。俗言：心有多大，空間就有多大，台商在大陸，由許多小企業變成大企業，因緣於大陸環境一如上述。聰明的青年人，具備有毅力肯努力，大陸是你們的就業處女地；智慧成熟的中壯年在依法守法、真誠的條件下，大陸有足夠的空間，任你們馳騁發展事業。

　　珠江台商風雲記都寫的是別人的故事，海亮與作者交往多年，深知其本身的經歷，極其豐富。胡董的真正技術是冷凍空調，節約能源，是極優良的工程師、訓練師與講師教授，曾任教育部、內政部、台北市冷凍空調評審長、檢定、命題、評審委員；著有冷凍空調工程原理、訓練教材、檢定教材、研究論文等學術論著。中年的胡董轉戰大

陸經商，從事塑膠製品，獲有二十餘項發明專利。

　　胡董為人真誠助人，也有許多動人的故事。大陸各地台商聽聞珠江台商風雲記的出版，都有甚多期待，也有台商願提供親歷的心身血淚故事，據聞風雲錄出版後，計畫再寫續篇，希望胡董能再接再勵，除了別人的故事外，多寫些其自身精彩的故事。

張海亮先生

廣州保福體育用品研究發展公司董事長

廣州台商協會會長

廣州市榮譽市民

自　序

　　1992年，西進大陸經商，立足廣東省廣州市永和鎮二十餘年。小小的永和鎮，早期有十二家台商到此投資，如今倖存的台商，僅有二家。

　　二十餘年來，滄海茫茫，日落月昇，親歷、聽聞的台商及台幹的故事，在初臨暮齡之時，有如影片，一幕幕不斷的顯示，這些故事如影隨形，甚至會讓我在睡夢中驚醒，也似乎有股力量，督促我，要我把部分台商及台幹們的血淚經歷的故事寫下來，呈現給世人。

　　1988年，台灣開放探親，當時台灣的經濟，仍顯強勢，到大陸投資，經商未經許可是違法的，但是一群獨具慧眼，具前瞻性的中小企業、商人，排除萬難，勇敢西進。當年大陸非常落後，台商如入不毛之地，在沒有任何助力之下，蓽路藍縷，從無到有，個中心酸、創痛，不曾經歷的人，是無法想像的。

　　我曾跟數位台商談起擬寫「珠江台商風雲記」，每位台商都極為讚同，希望能為一群在台灣被誤解的台商，一吐冤情，也藉此拋磚引玉，盼望有更多在福建的、蘇州的、上海等各地方的台商、台幹，能大膽寫出歷年來各式各樣的故事。一則反應台商登陸後的生活，二則反應在大陸經商艱苦困難，三則提供現在及後來台商台幹們的參考。將真正失敗或成功的事蹟，事無巨細的寫出來，同時也可以作為國台辦、海基會及各省市政府諸公們的參考，不要只對大企業尊重有加，對小企業就放手不管，甚至要求拆遷轉移。實際上，沒有慧眼先驅的小台商，那有後來的大企業？至少我們早來而生存下來的，是支持自由民主的中華民國。光說不練的台獨，只為選票，何曾為台灣的

　　未來打算？愛台灣，幾已淪為口號，對台灣的經濟有一點點的實惠嗎？執政黨也好，反對黨也好，真正愛台灣的是不是該為台灣的經濟，況且大陸的各國投資，日韓會將技術轉移？香港大多投入貿易房地廠與服務業，但台商一項產品的生產，除了給當地帶來繁榮，而造就不少懂了技術及管理人才因而一家台商不做了，延續了十數家相類似的陸商，這種潛移默化的轉移使得中國變成世界性工廠，台商不能不說據功不少。真正愛台灣是不是該為台灣的經濟負責，台灣的前途，規劃，監督，否則台灣真的會沉淪！

　　本書的出版，究竟在兩岸會否引發爭議？反對？我年紀已大，也不在乎政治藍綠理念如何？只是在有生之年，將些瑣碎的事公諸於世而已。我們台商進入大陸有句台諺：「入山看山勢，入門看人意」學習察言觀色做為做人做事之依據。很多台灣人對於在大陸投資總是有些怕怕，以我的經驗只要「行的正，不怕影子歪」，失敗！主要的因素是在台商自己！台陸同文同種，有十數億的消費群，又有廣大的腹地，商機處處，仍然是腳踏實地、智慧的台商們開拓與發展的天地！

　　感激一些台商老兄弟提供資料，其中絕大多數是真實的，也有些道聽塗說，雖未經求證，但也接近事實，請當小說看，姑且信之！為了避開尷尬！有關姓氏已加掩飾，如有雷同純屬巧合，最後感謝我大哥替我文章一再潤飾及我女兒胡庭瑀打字整稿，沒有兩位的協助是很難圓滿完成的，我老婆益霞更是精神支柱，讓我不畏批評，勇往執筆。

2014年8月18日

目錄

第一篇、極度的落後到興盛

我們剛到廣州市增城永和鎮上時，週遭都是農田，路上少見車子，馬路還是石子路，開車顛波不已；當時107國道（廣東省主要的道路）還在整修，他們施工方式與台灣大不相同，先把地面挖深30cm~50cm，整平後紮鋼筋，人工攪拌的三合土，倒入道路攤平乾燥後，表面再以水泥粉光打磨；鋪路的機械設備不多，大多靠人工，望眼過去有幾百人，但是施工速度可快得很，一日築路超過百米。

鎮裡人看到我們，好像看到外國人似的，有些孩子會跟著車子歡欣呼喊或大聲嚷嚷，追跑一段。聽不懂他們說的話，我們說普通話（國語），他們大部分人也聽不懂；原來他們自小受的教育都是廣東話，家裡人也有講客家話的，但非標準腔調，似乎滲了許多各地方的土腔；倒是認識字的可以筆談，這好像到了外國，互相難以溝通。當時我也覺得奇怪，明明是中國廣東省，為何中國話也不會

說，只有地方幹部及軍人能說普通話，有些普通話還帶著變調的廣東腔，真是有聽沒有懂，有句話說「最怕廣東人說官話」，原來不是「怕」，是「聽不懂」。

當時鎮上也有小酒店（旅館），地方政府是不准外商住的，只有一家香港人開的，准許外國人進住，號稱三顆星，住進去才知道有多爛！房間不大，床架很小，躺上床墊吱吱作響；燈光昏暗，地板很髒；有杯子、有熱水瓶，不夠可以叫服務生加熱水；小毛巾二條沒有沐浴用大毛巾，肥皂一小塊，牙刷有二支，衛生紙一包；打開水龍頭，先出黃水，才有白水，淋浴時，好像水壓不足，水注稀稀落落；有空調，開起來會響到讓你晚上睡不著，也有電風扇，轉動起來一搖一擺，所有電器開動時都會發出怪聲。

可怕的是睡眠中，會有蟑螂爬上身！這就是當時鎮上最早的旅館，只此一家別無分店。在廣州市倒是有高級的花園酒店、白天鵝酒店、中國酒店，都以美金計價，平時住宿一天美金150元左右，周末假日不同時間不同價。有一次我在台灣預先訂了房，沒想到正逢每年兩次的廣州交易會，房價漲了一倍變成美金300元，真讓人不知所措。廣交會收取門票，也讓很多外國人詬病，認為我來看貨來採購，已經花了飛機票，到了廣州後，酒店漲一倍，門票要收錢，吃住消費等，也無形中水漲船高了，所到之處，只要看到外國人就漲價。

我們工廠要蓋廠房，可不容易，必須經層層批准，然後找到設計院規劃，當時水準不足，不如交由台灣建築師一手規劃，最後工程圖、施工規範、工程材料表等等，

交給當地指定設計院蓋章，收些審查費，核審後很快批准動工；當然有數家介紹來的營造公司，來者都說技術沒問題……實績很多，反正入境隨俗，找家價格不高不低簽下合同，付了訂金開始施工，真正進入施工期又大不相同，一下子說水泥買不到，電器規格不合，水泥漆沒有，牆外磁磚買不到，只有國內……，反正問題重重，最後我們理解他們困難，只好折中改變，蓋好後的廠房，就是那麼難看，為了早日開工，只要結構強度沒問題，也就勉強接受了！

從台灣運來重機器進廠定位，也是煞費苦心，堆高機拉起的重量僅重是10噸，超重的，只有請吊車自屋頂打個大洞，讓機器吊到位置上，至今我仍保留一個天窗口，告訴員工這就是當時設廠，蓽路藍縷，來之不易，希望大家多珍惜。

徵召員工是件大事，不能登報，因登報招聘可要經相關單位批准；不必託人，只要在廠門口掛上召聘員工，大字報一貼，哇！第二天一大早，廠門口就擠滿應徵者，還需門衛加以疏導排隊，一批批到飯廳發資料表，一個一個審查證件身份證、畢業證書，絕大多數初中或高中畢業，當時我們訂定的資格是高中以上，沒有大專畢業生應徵，後來才知道大學畢業（本科生）政府都主動指派工作，不會來台商、外商工廠應徵；高中生的程度不錯，後來都成為工廠骨幹，但必須在工廠中磨練三個月，成績不錯才有機會進到儲備幹部。在管理上中國員工可以說是一個口令一個動作，他們很聰明，學習勤快，也認真，就怕跟不上被辭退，做不好被記過罰錢，人浮於事，工作難找，當然小心翼翼，管理員工真的簡易輕鬆！

　　當時打工仔的想法，最希望進台商工廠，比較有制度，對員工尊重，注重員工福利，而且學習機會最多，語言相通，有的一做十年不離，頗有認同感，對台幹的尊重，甚至於以師傅相稱。

　　採購也是一件難事，如機器上差個接管、螺絲、小零件，真是不容易買到，又不能等，只有到廣州或是去香港採購，再沒有，只好自台灣快遞郵包寄來或請正好在台灣的台商朋友順便帶回。一般菜市場能買到的食物蔬果不多，而且每個季節的蔬果不一樣，沒有全年都有的水果及蔬菜，要吃台灣水果，只有返台時自行帶回，所以台幹渡假，返回時，經常是大包小包，是為自己也替其他台灣人順便帶些。有時台商忍不住的，只好往香港、澳門順便採購及遊覽。有時自台灣進口原料，也會夾帶些台灣食品以慰台幹思鄉口味。

　　廣州、東莞、深圳是第一批開放的城市，台商紛紛在三地落腳，但是服務業跟不上，沒有超市，沒有大賣場，

連麥當勞，也只在深圳羅湖關附近只有那麼一家，我曾經去過幾次，可是人擠人，最有趣的是廁所不對外開放，鐵將軍把門，問起原因，怕弄髒而且衛生紙永遠不足，真要去洗手間，只好請服務生協助開門。當地賣服裝的也非常少，都是泊來品，生意特好，當時有許多香港人，深圳香港兩頭跑，帶進各種華麗時裝及一般衣服、鞋子、日用品等等，一批一批帶入深圳，不僅僅廣東人來取貨買貨，連其他省份各大城市生意人也來批發回去。光是這些民生用品，生意興隆得讓香港商人賺進大把鈔票。

在這麼落後的地區，台商們勇敢地接踵而至，拓荒的精神還真令人佩服！之後幾年廣東各地的建設令人驚訝！大樓像雨後春筍，道路建設飛快，一座座大橋在珠江上搭起，地鐵在廣州、深圳、東莞逐步開發興建，高速公路串聯到各省，高鐵也飛快建設成功，到北京可以早去晚歸，這種變化，連我們天天在這裡生活工作的台商，也不一定摸得清、猜得透，大陸經濟這麼快速的興盛，一路走來變化之大，真是一日千里，也真令我們台商驚嘆不已！台商們論及地產也都有句話，千金難買早知道，否則……。

第二篇、平心論台幹

　　我的學生陳君，曾在台灣與我合作空調事業，結果是無疾而終；我前往大陸發展後，再無音信；某日他從中山市某家工程公司來電，幾經交談，知其很想來我公司。台商之間有個默契，挖角前必須是互相交待，不能過份。他又剛到中山工程公司，離職似不恰當，但他說老闆娘待人苛刻，堅持離開。我遂主動向陳君服務公司總經理打了招呼，回台灣再陪他到台中向董事長知會，董事長尚能體諒也無責怪，同意陳君離職。此後他在我公司擔任業務部經理，推展台灣工程公司業務，成績斐然，尤其深圳的富士康（鴻海公司在大陸的企業）內定用我們的新材料。有位台幹認為我們報價很高，佣金太少，完工後要求追加佣金，我以不領尾款不了了之。陳君在廣東一年，因與同事發生感情糾紛，派去蘇州市成立分公司。當年台商在昆山、蘇州的電子業正積極興建，經陳君順勢推銷我廠創新保溫建材，爭取到許多訂單。二年後，因總公司出納沒及時匯出日常開支款，產生矛盾，影響分公司作業。事實上任何一家分公司在爭取市場時，要投入大量資金，開創前期多半是透支的，陳君只是無法理解總公司對資金調度的苦心，說清楚了，倒也相安無事。後來他台灣的女朋友跑去看他，遂向女朋友訴苦公司虧待，女友勸他離開；同一時間陳君將廣東的大陸女友帶往蘇州擔任祕書，她原本期望與陳君相處，進而談論婚嫁，沒想到來了台灣女友，大陸女友以其婚約無望，乃暗中得知陳君儲金提款密碼，取卡盜領存款幾萬元，一走了之。事後陳君要求公司賠償被盜款項，公司以其廣州女友，未經公司任命，未留身份資料，而是陳君自己找的，由公司賠償於法無據。陳君台灣

女友又一昧偏袒，譴責公司處理不當，於是提出辭呈。我特地飛去上海與他見面、挽留，奈何陳君去意已定，勉強同意移交後離開。隨緣吧！唉！與台幹們相處還真難搞！嚴格而論，公司當然有些責任，但是如果彼此不能坦誠溝通，只站在自己立場，是很難合作的。事後，我曾拜訪一位工程界老闆，他當場質疑為何請這位仁兄？說陳君在他台灣的公司，服務時，曾下包一批空調主機，結果無法交貨，因延期完工遭到巨額罰款，損失慘重，他被害得差點倒閉，此事發生在台灣，居然遠傳到大陸，真是好事不出家門，壞事傳千里。

台幹李君，應徵時滿口答應公司要求的條件，工作三年，甫過三個月，以老父病重返台照料為由，提出辭呈，事涉孝順，我無法不准，批了文，還為他買好回台機票。遺憾的是，過了幾個月，我們業務員在客戶公司遇到他，原來他另謀高就，去了推銷化工泵浦工廠工作，待遇當然比我公司高，而且離我公司不遠，我不介意他為高薪辭職，惟咒其老父，則大不以為然。台幹因父親重病辭職，台商老闆都會體諒。冒此大不諱！唉！青年人！無所不用其極？

有名黃姓技術員在台灣是一家即將倒閉工廠配方員，我收購了這家工廠的設備運往大陸，老闆向我推薦黃員，並說唯一缺點要忍耐他的個性。當時我毫不考慮就答應了，每月薪資八萬元台幣，加來回飛機票，管吃管住。某次公司監察人來廠考察，問他一些問題，黃員答得頗不耐煩，再問，出口頂撞並不再回答，監察人火大了！認為這種態度對老闆，實在過份，執意要他走路，經我協調後，暫不處理。我問黃員何以如此拒人於千里，他說他正忙，

監察人問東問西，所以不願再答覆，黃員是配方兼廠長，我當然尊重他；他的配方室，我從不去干擾；有一次因事找他，進了配方室，他沒注意到我，發覺他正用手抓配料放入配方中，一時間我非常在意，室內有電子秤、有天平、還有許多儀器，為何不用，只憑手感，我不以為他經驗豐富到可以不用秤，如此輕率，不求精準，哪夠資格作配方員，既然工作如此粗糙，何必高薪聘請，個性又那麼難以相處，遂暗中與一名陸幹，大學化工系本科生商量，我交待他慢慢了解，並授權利用晚上去試調配二手料。我也涉獵過不少化工書籍，經溝通討論二手材料，品質不差，不輸黃員研發。不久，黃員又與人發生爭執打了員工，對公司處置不滿，咆嘯而再提辭呈，我當場批准！黃員愣住了！沒想到我會批准，一時間雙方無言以對！我說好來好往，事情交接完了，你坐飛機回台灣。監察人聽我電話報告後，非常高興，說做得對，就這樣黃員結束了在我工廠生涯，但黃員臨走前卻做了件更讓人氣憤之事，他把配方室各種配方小料灑了一地，又把每種配料混雜，這種惡劣的行為，真是小人作風！不談也罷！事後他去了另一家工廠，待不到三年，跟一位不懂技術的台南人成立一家加工廠，三年後虧了錢，工廠結束。某日，台南老闆跟我談起黃員，非常生氣，說他不懂全套技術，一不高興就發脾氣，甚至結夥台幹協助大陸人另設工廠，反正是每跑一家都待不久，這是另一種台幹，有技術，到處流動，之後也當了老闆，起起落落。凡事和為貴，如果個性不改，無論其為幹部或為老闆，皆難有共廤之人！

　　台幹能長期為台商工作的也不少，以上幾位可能是個性使然，都屬個案。當時大陸仍在落後狀況，一切建設剛

剛起步。台灣經濟尚未衰落，沒台灣人願來大陸做台幹，台商只好以高薪、高職務徵用，結果並非想像中那麼和諧相處，往往不是早早離職，就是另立門戶與公司相爭。近十年又不同了，大陸經濟起飛，台幹3萬~4萬（台幣）也有人願意，唉！世事逆轉，十年河東十年河西！時光亦不復再有了。

第三篇、大膽起用陸幹

　　台幹、陸幹都是中國人，但在工作中各有千秋，要說台幹的優點一是誠實，二是放心，三是同鄉友誼，四盡責，五容易溝通，優點很多；也有缺點，往往因人而異。這篇我介紹一位學歷不高的陸幹，是我一手提拔成功的一位女性李小姐。認識她，是在KTV酒店裡，有一次，我們台商十多人，在一家熟悉的KTV唱歌喝酒，有位台商在微醉之下，一大杯倒了50度以上白酒（類似台灣高粱），對著坐檯小姐說：敢喝，我送500元作獎賞，這群七八位小姐皆噤聲不語，沒人敢出面，台商高喊並得意地拿出500元鈔票，在手中搖晃，仍沒有一位小姐敢回應，聲音之大，引進了多名沒坐檯的小姐看熱鬧，突然有位姿色不亮的小姐衝出，喊著說我喝，舉起大杯，幾乎是一口氣咕嚕咕嚕喝光，在全場掌聲響起之中，她伸手拿了錢，一聲不吭向外衝出，房內響起哈哈笑聲。這種嬉鬧玩笑在台商間經常發生，也不覺得奇怪。奇特是那位小姐的怎麼敢喝這杯白酒，這印象，深深的留在我腦海裡。過了一段時間，又在同一家KTV開喝，小姐們在媽咪喊叫聲中，在客人面前排成一列，任君挑選，視線不是很亮狀況下，我看到了那位勇敢喝酒的小姐，毫不考慮請她坐下，寒喧之後，我直問那晚怎麼敢喝？她很坦白的告訴我，那晚實在沒辦法，因欠房租，再不付就會被趕出房門，這是解決被趕的唯一機會，衝出後就吐了一地，胃痛了一晚！別小看這些KTV小姐，在家中都是寶，至少初中畢業，有些還是大學生，為了多賺些錢，犧牲色相到外地打工。我喜歡跟坐檯小姐談些她們家鄉及個人家事，好像調查戶口似的，她們看我態度認真誠懇，會毫無顧慮地坦白告訴我；說起來絕大多數

為了家計，畢業後，家鄉沒地方打工，只有坐了長途火車到廣州、東莞、深圳幹活；當時工廠待遇不是很好，每個月只有500元左右，想要迅速賺錢，KTV是一條捷徑，每個月賺個五六千是很容易達成的。賺到足夠錢，就回老家相親結婚，對父母養育之恩有了交代，足夠的積蓄，對自己也有了信心，嫁個同鄉人，相夫教子終老一生，但是絕口不說在廣東做小姐，那在家鄉是抬不起頭的，只能說在工廠打工賺的，中國人的面子，永遠是最重要的。

前後三次我都點了坐檯，她很坦白也很健談，天南地北聊得不少，家住四川德陽，是個獨生女，跟同學一夥來到廣東想打工賺錢，沒想到找不到工廠打工，當時廣東不缺工，徵工佈告一貼，立刻有一大堆應徵者。經過別人的遊說，當了小姐，自己不漂亮，坐檯機會很少，賺得也少，去掉開支及抽頭錢，所剩無幾；我靈機一動，問她想不想擔任業務員？當時我公司正招考業務員，男女不拘；她聽不懂，業務員做啥的？經過說明後，問能賺多少錢？我說看業績多少，最少也能賺個一千元以上，管吃管住，跑外務能實報實銷，她答應了！她說實在不願當小姐，被人呼來喚去，奉承客人很不習慣，又要喝酒，寧可少拿，做些有面子的工作。第二天她帶了位同鄉一起應徵，兩人經我親點，都錄取了。她們是我公司第一次徵選的女業務員，被經理們特別照應，訓練試用期間，經理主動降低了業績標準，順利通過了考核；經過二年，成績尚可，各項表現還不錯，深得業務經理的認同。後來我開設蘇州分廠，起初派了台幹主持處理，因故辭職了，當時想不到續任的適當人選，經過再三的深思熟慮後，決定派出二位女將前赴蘇州主持業務，當時的業務對象大多是台商，派女

將洽談，台商都會尊重，也容易溝通；業務經理懷疑安排女性是否恰當？我說李小姐膽子大，敢說敢衝，在台商間反而較能得心應手；她們二人也擔心人地生疏，怎能完成任務？我回說：拿出你喝酒的豪氣就沒問題！

抱著忐忑之心，兩人結伴北上，到蘇州報到。我固定每二三個月會到上海蘇州考察，也特別關注她們的發展。一年後，二人表現成績斐然，年底結算，她們可提領不少獎金，我想應該穩定了！有次交談，李小姐說晚上在蘇州非常無聊，因廠設偏遠地區，蘇州建設緩慢，工業園區建設還不完善，只有一小區熱鬧，其他地區如同小鎮。我建議：為何不利用晚上、星期六、日休息時間，到蘇州大學去唸個成人教育課程，唸個三年，混個大專文聘？既可充實自己也可排遣無聊，她們哈哈大笑，行嗎？考得上嗎？我說不試妳們怎知道？

試試看！於是二人再度結伴參加了會考，居然李小姐一人考上，就這樣陸陸續續讀了三年，聽她說，讀得很辛苦，成績也不好，不得已想辦法用了些技巧偷看、小抄，勉強通過了很多關，三年後拿到了文聘。這是她努力的結果，值得稱讚。依公司規定，大專畢業底薪還能多加200元，不久我提升她擔任經理，公司也派發了股份。李小姐對推廣業務也非常努力，經過四年，每年分廠利潤的分紅，成績可觀，深獲總廠的肯定。當年我大膽起用女性，完全正確！公司幹部都肯定當時的決定。有趣的是，經由她口中談起，有幾位台商客戶在業務交談中很欣賞她，問待遇多少？願意到台商公司當業務嗎？薪水加高一倍！她一口回絕，說公司培養她，待她不薄，沒必要換工作，李小姐這種忠誠、執著也令我感動與感謝。對於台商們的挖

角行為，是台商採用最快速建立人力人才的辦法，但能挖進來，也能被挖出去，人才是公司用慧眼去找的，要自行培養訓練，對公司的忠貞不是只有台幹而已，有的陸幹甚至超過台幹，看你們如何對待他們，播出什麼樣的種子，就應該會結什麼樣的果。

又過了三年，李小姐父母不肯讓她再做了，認為女大當嫁，否則左鄰右舍閒話就多了！尤其她拿回去的紅利、獎金及薪資已在家鄉買了二套房子，如果不回去結婚，大多認為她在外作小姐才賺那麼多錢！

當然以她學歷及經歷很快相親找到對象，男方也是獨生子，環境也不差，雙方父母都很滿意，半年之間相親、訂親、完成婚約。結婚後兩人有些不適應，小倆口難免有些口角，男方程度低，女方見識廣，平日的交談也常常扞格不入；偶而夫婦激烈爭吵後，傷心之餘她會打長途電話向我告訴請教。以前她獨自撐起蘇州分廠時，只要無法解決的事，甚至芝麻綠豆小事，都會電話中向我報告，我也很快告訴她如何處理，沒想到離職完婚後，連無法與外人道的家事也向我請教，我也毫無顧忌告訴她，清官難斷家務事，只有互相忍讓才能長久相處，想起這事，也奉勸台商對有能力的陸幹，千萬不要放棄，作之師作之父，她們一輩子都會感激的！

到目前為止，她的電話也減少了！雖然經過汶川大地震，德陽也波及，二套房子也成了危樓，事後政府也補修過，也給了他們很好救濟補貼，這種曾處於死亡邊緣的大地震，震撼了他們對人生看法，小倆口也因震災，感情與日俱增。親密如夫妻的相處之道，是不可以道理計，也不

可以常情論。藉此方寸一角，希望他們長此以往，祝福他
們白頭偕老！

第四篇、專利之爭

　　企業長期經營，除對產品的品質必須不斷提升外，尚須增加產品的附加價值或研發新產品。二十年來，一直依據此原則服務客戶，尤其新產品的研發，如B1級保溫材料、托碼、涼風床墊等，大大小小的專利共計二十餘件，平均不到一年，就有一件成功申請得到專利，做研發，是非常耗損材料及人力。十五年前我就投下資金成立開發部，由我率領三名大學畢業同仁，長期進行研發工作。每項產品均經反覆檢試，製成樣品，申請專利。並逐步設立機器設備生產線，同步提請國家級檢測中心測試檢驗通過。一切過關並順利產製後，就將說明書交由業務員推銷，整體過程說起來簡單，投入的人力財力不貲。在台灣或國外有了專利就似乎有了保障，但是在大陸可不一定；其中之一件專利，我廠員工偷學了技術辭職到另一家發泡廠，建立托碼製造廠，半年後開始銷售，並以低價搶

單，等我們知道，市場已失去部分，跟專利律師談如何提出告訴，有關這項產品專利有三種，一種是發明，一種是外觀，一種是新型專利，新型專利申請時間已過了！不宜採用，專利事務所要我們自市場購買一批有發票的托碼，我們在東莞市場也取得，就利用這筆貨做證據，在東莞市法院提起告訴，當然法院很支持，經過幾次開庭，結果勝訴，要轉移到二審中院時，對方律師反而到北京找到類似專利，要求外觀專利撤銷，專利局來文告知這事，要求我們答辯，經詢專利事務所稱不必回文？我說內容可以答辯，東西是不一樣的，回說既已取專利，不可能撤銷？我們信以為真就不回文了，沒想到中院開庭時，當庭宣告你們的專利已被撤銷，所以這庭就不必開了！我聽後大怒，臭罵專利事務所害我們被撤銷！花了那麼多時間及金錢，卻遭敗訴，完全沒有答辯機會。這件訟案應該用二個專利去提告訴，尤其發明比啥種專利更有利，不容易被辯輸，可惜了！因為專利事務所的固執，不完全瞭解技術內容，造成不可挽回的結果！自此之後，我對打專利官司興趣缺缺，對專利局及專利代辦事務所之能力也不再信任。

第五篇、合作的風險

　　2002年時，我廠興杭龍保溫材料及保溫管營運，已在大陸廣東及鄰省佔有一席之地，銷售狀況令人滿意，經常要趕工、趕夜班才能應付市場需求，這個時期也是公司的頂峰時期，為了維護已有的市場，如能增加些附產品銷售，即可大幅降低業務成本；但是提高市場占有率難，我想如能從工程過程中尋找答案或較容易，於是我到工程工地考察拜訪，發現配管支撐架上用的是木塊浸柏油漆作為支架，這是非常落伍的方式，思緒立刻跳至改良取代之方式，不久開發出防火托架（台灣叫做鞍座），我取名「托碼」，外加卡環，製造材料使用塑膠廢料，優點很多，防火、防震、隔熱、環保、硬度高、壽命長而且美觀，申得專利。當時認識了四川黃姓二位兄弟，聊起來非常有興趣，有意投入。我同意在廠裡搭建廠房乙座，成立一家公司叫國友公司，我加股40%，他們兄弟投60%，由他們主導；剛開始還算不錯，黃君很努力投入心力人力，隨時跟我商議如何推動，在產能穩定同時，是如何銷售。要能提高新產品銷售率，是件不容易事，為了國友公司的生存，雙方同意互相協助推銷產品，雙方公司業務員同時推托碼及保溫材料；這其中涉及貨款及金錢的支付問題，每個月對帳也錯不了，雙方相安無事。日久黃君有些態度讓我公司員工受不了，認為是我們興杭公司養他們，為什麼他們態度那麼差？有了小摩擦就易起衝突。有次我公司副總與黃君在外喝酒，不知為啥事？副總打了黃君一拳，當晚黃君找了四川朋友現役軍人，要求副總賠償七千元，再起衝突，廠裡課長眼見不平，也參予評理，雙方一言不合，開始互爭互毆；等我自台灣回來，亡羊補牢為時已晚；我站

在公司立場，只好護著自己員工，這下衝突更大，互不忍讓。國友黃君意欲搬走設備，再起爭執，結果公安、政府、企業辦、協調辦，全來了！協調不成，雙方向法院提出告訴！經向律師請教，如提訴訟，第一是欠貨款，第二是投資款如何處理，結果在增城市第一審我們勝訴，法院判決他必須還款，而且要結算投資款；這是很正確的判定，欠錢還款嘛。第二審中級法院在廣州，黃君不服上訴，開庭一次後，律師說，法官要求雙方和解，我不同意，於是繼續開庭，律師告訴我，最好能給些好處，比較能勝訴，我認為一審已判，二審應該沒問題，況且我握有黃君的收據，證據確鑿，怎能變化？沒想到，最後宣判庭判決書下來，竟然將一審的判決全部否決，我們所提的收據被認為簽名是員工，不是其本人，不予承認所以上訴人黃君勝訴。這種大翻盤，簡直不可能事，居然有紅包可以勝訴，沒送紅包會敗訴？這件事我迄今仍不能理解，這麼明顯的債務事，一審已經判定，二審只是單方面否定了證據，可以完全推翻？顯然法官得了好處，完全藐視法律的公正、公平性。之後黃君將公司轉移給兒子，再轉移給別人，另起公司；實際是換湯不換藥，生意越做越大，賺了錢還得意非凡。後來有人告訴我，怎麼會跟大陸人合作，不考慮他們的貪念及道德？我說台灣人也有不講信用的，大陸也有講信用的不能一概而論，我氣的是大陸的法院，這位法官拿到好處就想盡不同方式否決了，所以希望台商來到大陸務必小心不要上當，信任別人一定要有些保留；也同時勸各位在大陸訴訟打官司，一定要面面俱到，除了有好律師，也應注意法官之聲譽，只要問一下熟悉法院的律師，一般都知道那些法官比較正直，那些是要錢不要命，會為所欲為的違法判決！！

第六篇、飲食男女

工廠管理，最難的，可能就是男、女工人的性事吧？

有一名湖北女工，人高馬大膽子也大，少數男工喜歡吃她豆腐，她說：放馬過來！還說鎮裡公園裡的流鶯，30元作愛一次，我只要20元。之後據聞每晚生意興隆，此事是因清潔工報怨每天早晨在保溫生產材料堆中發現污穢物，才被揭開。事後該女工因被人指指點點，是心有羞愧吧？不久就離職了。

事過境遷，她與家鄉堂姊妹帶了一批姐妹，在工廠附近開了一家美容院，供應附近工廠男工的寡人之疾。唉！飲食男女能在保守教條下克制自己，真的很難，雖然他們收入少，但是生理上需要發洩，仍時有所聞，天為被，地為床，有何不可隨時發生。殊不知早期旅館是要登記，男女沒有結婚證的不能入住。但夫妻檔很少能在同一地區打工，急需之時，只好各顯神通了。

第七篇、良莠不齊的業務員

　　早在1997年起，我廠建築材料產品的開發，不斷創新、發明，申請專利，比台灣製造的防火性更強，性能更優越，價格在大陸市場有絕對性優勢。照理如此優良的產品，不論市場營運發展，前途無限，尤其各地區建商、政府機構都不斷大興土木，需要優良的建築材料甚急。

　　但如何打開市場？幾經多方請教及研究，擬定出推銷方案，採人海戰術，大量進用業務員，經徵召並經魔鬼營般訓練後，要求業務員把資料及樣品送到設計院、開發商、水電空調工程公司……。

　　在短短三個月，訂單源源不斷，有時24小時生產，都來不及供貨，所以創新優良的產品，只要能應市場需要，價格合適，戰術成功，是可以無往不利的。

　　二十幾位業務員推銷速度很快，每位獎金都能達標，還不斷創造新業績。但人心不足，蛇吞象，往後十年中發生不少令人遺憾之事，如貨款收取不順、不全，經常出現獃帳，試舉數例僅供參考：

　　（一）業務員接到的客戶是位承包工程小包商，山東人，在東莞做工程，起初付款還算順利，有一次特別打電話說明東莞有一件大工程，付款要在交貨以後，時間需延後一個月，因為前二次，付款都沒問題，這次十餘萬元，金額不大，就答應了！等交了貨，過了二個月，迄無消息，承辦業務員哭喪著臉說要不到款，依規定業務員要承擔一半責任，遂派經理會同瞭解，回報說，他很願意歸

31

還這筆錢，只是口袋裡一毛錢也沒有，原來十幾萬元，付了生活、租金、工資等，聽說六合彩有明牌，很有把握，居然投入三次，本以為三萬變百萬，可以有更多錢發展事業。奈何天不從人願，最後一貧如洗，連吃飯都有問題，經理看他窮，也催不下去，至今仍能找到人，就是沒錢歸還。這事說明，少數大陸人仕向「錢」看，希望一步登天，不知由窮變富只有循正當途徑才是穩當可靠的。

（二）有名甫出校門就進本公司的業務員，個性不錯，業務成績差些。有一家公司在東莞，湖南人開的，還不錯，由工程轉進到多項事業，都能如期開出支票並能支付貨款，如此三年過去，相安無事。某年某月，業務員說客戶要求將支票，併下個月一起開，老客戶，不疑有他。二個月後，業務員不告而別，打電話，家裡說沒回去，公司業務部擔心其在外出事，於是報警備案外，經理又去客戶詢問貨款，一問之下，才知業務員已分別取走二張支票，而且二張支票全有抬頭，會計查證銀行支出，貨款以交換票領走了！這怪了！大陸銀行規定抬頭支票是不准轉的，必須存入抬頭公司的帳戶，怎麼可能領走，原來他刻了假圖章，背書蓋上，利用深圳一家的小賣店的帳戶取得現金20餘萬元，入帳取款是深圳的中國銀行，我們律師經過考慮在官司中必須先告客戶，確證業務員已正式領取支票，再告業務員偷取支票，侵佔貨款。當然找不到他出面，法官判決他必須歸還，法院判決書還拿到他住家公安派出所備案，但大家都知道很難取回了！當地公安也不一定會通報消息！法院及律師建議我們轉控告中國銀行深圳分行，銀行怎能把有抬頭之支票蓋了章轉另家帳戶，銀行要負責檢視圖章。但我想中國銀行可是國家的，怎打得贏

呢？只好認命了！該胡姓業務員，聽說拿了錢去合夥投資製鞋廠，最後虧光！不義之財，來的快去的也快！

（三）有位業務員是東北人，業務也算達標，因為單身在南方，也不知何時追到位廣東小妹妹，兩人同居，帶進帶出不亦樂乎！其他業務員羨慕不已，他也很得意。不久生活開銷大了！女方要求每月三千元安家費，他入不敷出，開始動歪腦筋，先從貨款中以多報少，與客戶的採購人員聯手配合，公司報少，差額兩人均分，當然這是採現金交易方式方可行，如果是支票付款，就推說採購要回扣，公司規定回扣需預先報備，核准後他可以從會計室取得佣金。他侵佔佣金方式有二種，一是完全私吞，一是帶一籃水果孝敬，其餘入了自己口袋。事後客戶採購人沒收佣金，打電話給本公司經理，才紙包不住火，消息爆開！全公司都知道了，他只好一走了之，帶了小妹妹去別的省份發展。夜路走多了，總是會失足的。

（四）業務員人員多了，公司特別租了大樓，每人一間，照理說環境好，工作自由自在，管理上沒工廠那麼嚴格，業務員進出大樓時間不定，有時很晚才能回來，管理進出遂不加限制。業務員住的宿舍又是一番景象，如不管理，久了會產生弊端。先是他們在宿舍內下棋，玩「鬥地主」（一種大陸很流行撲克牌玩法，只需三人就能玩，幾乎人人都會），有時買張四方桌，打麻將，這還算正常，有些業務員偷偷把女朋友帶進來睡覺，央請同房同事暫時避開，久了常有怨言，就爆開了；有人有樣學樣，最糟糕的是業務員跟會計搞在一起被人發現，而且大言不慚說年輕人嘛！問題是男的在家鄉有家眷！後來連台幹都為了一名秘書發生爭風吃醋，一個是離婚的，一個是家庭狀況不

明，離婚的陳君喜歡秘書，同房後，祕書移情，暗地又跟楊君同房，陳君知道後，氣不過，指責楊君橫刀奪愛，楊君說她自願的，又不是我要的，陳君氣得在房門口吵起來！吵到我這裡，才知道有這等事，於是調陳君到蘇州去創辦新公司，楊君也不再跟祕書相好，唉！男女感情之事真是罄竹難書。

第八篇、小偷

　　許多台商到大陸，都住在工廠宿舍，宿舍分台幹及一般員工，吃喝拉撒睡，都在工廠，公司除了工廠管理外，對員工的生活起居也必須妥善安排。工作、生活都在廠裡，有好有壞；管理上較能了解，工廠內有保安人員，台幹、員工們的人身安全較有保障。工廠作業分二或三班制，在圍牆內有保安人員定時巡邏，進出人、車必須登記，還須打開車輛後車廂檢查，員工進出大門須要檢查攜帶的行李包；管制的門衛人員必須行禮，保持禮貌。保安人員維護廠內安全，功效很大，如此嚴密控管，仍然時有小偷光顧，偷員工的最多，偷台幹機會不大；台幹宿舍管理比較嚴謹，部分老闆為了自身安全，都備有槍枝，當地政府及公安對這種事也是默許的，偏遠地區警力不足，台商需自行保護，也無可厚非。小偷行徑有多種，以下舉例是我廠真實發生過的：

　　一、小偷翻牆進來，喬裝員工模樣，進入員工宿舍，看到褲子就拿，褲袋內有錢、有包包，手機也拿，放在枕頭下的錢也被摸走；如果小偷沒偷到錢，會把外面曬的衣服全收走，二手舊衣也能賣點錢。員工對小偷恨之入骨，他們收入不多，買衣服是件花錢之事，嚴重的還得借褲子穿，怎能不生氣！

　　二、我的宿舍也被偷過，有一次感冒，吃了藥昏沉沉睡著了！第二天起來，褲子被用竹竿從窗戶伸進勾走，這名「樑上君子」只拿走錢，褲子及包包丟在窗口，總算證件還在。又有一次深更半夜突然驚醒，感覺窗外人影晃

動，很明顯是小偷，不止一人，竹竿已伸進來，東西也對準了！這時遲那時快，趕緊拿起預藏的槍枝插到已被打開的窗縫，大叫小偷！小偷應聲逃跑，四處飛竄，為免傷人，我朝天空開了一槍，槍聲在深夜可是響徹四週，小偷似被嚇得屁滾尿流，他們萬沒想到我會開槍，這時保安聞聲而來，了解狀況；本來有槍是個秘密，這下全廠員工都知道我房裡有槍！也好，反正殺雞儆猴，重要的，小偷不敢再來了！

三、有一次鍋爐房遭竊，一些馬達及特殊工具被偷了！當時我們認為這麼重的東西，不可能拖得很遠，應該就近賣掉，第二天帶了保安從牆外沿路找，居然附近有家收破爛、賣舊貨的店；我們進店，很快找到失竊的東西，立刻報了公安，公安經我們說明，這些馬達及工具是我們公司的，店老闆不肯承認，說是他用錢買來的，但說不出向誰買的，公安正經告訴他，這是贓品，不能買的，買了是違法收購，要吃官司，店老闆當然不懂法令，但公安的說明，他也怕了，只好讓我們員工帶回失竊之物，店老板賠了夫人又折兵。

四、小偷也有內賊，而且大膽又厲害。會計室有個保險箱，靠著外牆擺放，深夜小偷把外牆磚塊一塊一塊拆掉，將保險箱，拖了出去，硬撬硬拆，拿走了現金幾萬元，其他資料未動。第二天報案，公安來了，也驚訝小偷技術高超，判斷是內賊通外鬼幹的好事，公安並警告我們，廠內避免放過多的現金，不要超過三千元，他們統計偷竊案，都是廠內員工知道有現金，就當晚召人行竊。有趣的是某年，廠內有名電工，一天晚上不知如何將會計室的門打開，用推車把保險櫃拖到電工房，想用氧乙炔吹管

把鎖燒開,保安人員及晚間工作人員還曾經過問他幹嘛?很鎮靜的說會計要他把櫃子修理一下,也許技術不夠,鐵櫃很紮實,經數小時仍無法打開,鐵櫃也變形了!有位員工看了不對勁,趕緊通報台幹,問他幹什麼?誰叫你做的?他沒吭聲一溜煙跑了!等報警,警察到他住處,已人去樓空,經查人事檔案,原來是假身份證,無從追查,公司損失了一台保險櫃,此事也就不了了之。

五、有一次二名小偷進來被保安捉住了一名,另一名跑了!晚上把他綁在保安室,第二天員工知道小偷被捉,那些員工到了保安室不分青紅皂白先把小偷痛打一頓,問他們幹嘛打人?平時被偷錢偷衣服很生氣,這口氣就出在這名倒楣的小偷身上。保安報了警,公安來一看小偷身上有血跡及傷痕,就對我們說:放了吧!如果帶走要送醫治療,還要付醫藥費,公安所內沒多餘的錢,而且只能關48小時,沒必要!公安走了,員工及保安仍不甘心,說他們被偷損失要找回,保安叫小偷打電話給朋友,拿錢來才放人,朋友也真的來了,給了500元,總算放了!這錢公司當然不會拿,由員工及保安自行處理!

第九篇、北大倉行跌入歷史沉思

　　我的好友，哈爾濱的楊先生，曾介紹東北遼寧省五大蓮池有一種礦泉水，全世界只有五個地方才有。是火山溶岩經長久風化，而形成的黑色肥沃的土壤。那裡的礦泉水，含有二氧化碳，像汽水一樣，可以直接抽取，經過濾，即可裝瓶飲用。當時我曾與一位台灣的林先生商議，我們都認為這種冒氣的礦泉水，就近運到日本銷售，最為有利。日本貿易商知悉後，希望先運一批樣品去日本。於是我們一行五人飛到哈爾濱，次日由楊先生陪同出發。開車需時五個多小時，車行其間，經過鼎鼎大名的北大倉（北大荒），沿途車輛稀少，兩邊只見麥田，都是農業機械化的耕作；廣闊的平原一望無際，肥沃的黑土，不須施肥，培育出飽滿黃金色的麥子，在陽光下閃閃發亮，有些像黃金粒似的，真的好美、好壯觀。面對如此美景，思緒突然跳回日本侵略東北的暴行史實；我們是為日本人收集樣品而來，在這過去歷史與現實生意交錯下，心裡的矛盾油然而生，於是我跌進了歷史的沉思：面對這麼美的北大倉，土壤肥沃，面積大，收成多，又有豐富的煤、鐵礦；日本看上此地的資源佔領了東北，開發創建東北，餵大了日本軍閥，滿足了日本國內需求，更累積了資本，發動了侵略中國戰爭，強取豪奪之餘，又突擊珍珠港，引起太平洋戰爭。沒有東北，何來如此之大的胃口、野心？又何來受原子彈瞬間毀滅、戰敗的命運？歷史軌跡，般般可循，然而歷史殷鑑在權力、慾望的人性下，不斷重演，人類的浩劫，又何時停止？突聞好友問道，你在想什麼那麼深沉！思緒被喚醒，只能沉重地微笑以對。五個多小時後到了五大蓮池，看了飲水廠，就那麼簡單，天然的水經過過

濾、化驗，就成了一瓶瓶冒氣的瓶裝水；水質屬於鹼性對
人體健康非常有利。那裡酒店林立，全以各式各樣溫泉、
黑色火山泥為號召，按摩、泡浴過後，旅途勞累瞬間消
失，這麼好的地方，可惜待不久，因我們另有行程，就打
道回哈爾濱，真希望有生之年能再去一次，享受那美麗東
北的天地、那美好的天然之泉！

第十篇、鬼神之說

　　子曰「子不語怪力亂神」，作者本人在台灣從事工程設計及節約能源研究，對於鬼怪傳聞，真不容易讓我相信；自從到了大陸，工廠陸續發生靈異事件，面對怪力亂神，不得不重新評估。廣州工廠是建立在偏遠鎮上，正好有部分廠區蓋在墳墓區，事前我們並不知道，開工生產後，第一年派去的台幹，是位年輕而英俊小伙子，做了一年他不做了，回來辭職，並單獨告訴我一件驚訝奇特事；

　　經常晚上有位穿紅衣的女孩站在蚊帳外面看他。

　　真的嗎？你怕不怕？

　　不怕！

　　看到她的臉？

　　很模糊。

　　你怎辦？

　　我趕緊拿佛珠念大悲咒！

　　你說的都是真的嗎？就為這事辭職？

　　不是！絕對是真的！

　　對不起讓你擔心受怕，希望你不要說出去！謝謝！

　　事後我找了朋友問，有沒有功力深厚法師能去大陸超渡的，經人介紹在民生東路巷內公寓，某號五樓有間佛堂，那位法師白天在交通部當司機，晚上在家為人解難，見面後說明來意！他說我先去了解一下，開始閉眼打坐，五分鐘後，他睜眼說已看過你工廠！這時我真懷疑是真是假？就算飛機實際來回時間都要五小時，他五分鐘就能完成，比光電還快，懷疑他是不是唬弄我！不管！聽他往下說：

你們工廠是條小巷弄進去，進了大門後，右邊是你們辦公室及寢室，左邊有二棟高樓房，裡面有二台機器。

他不認得，那是煤鍋爐。

當時蓋房子沒處理乾淨，那鍋爐地基下面壓了六具屍體，五位年老因病自然身亡，是不會作怪鬧事，但餘下一位是女的，身前遭人強姦後自殺身亡，是穿著紅衣下葬，因為是冤魂，不易超生，適時會顯身鬧事。

我聽了後毛骨悚然，他說的方位建築物一點沒錯，顯然要去過才能知道啊！那二台機器，是二台煤鍋爐，燒蒸氣用。這時我不得不信，趕緊追問如何「解」呢？你到牆外後山可以找到一塊墓碑，拿這塊碑刻上姑娘之靈，蓋座小廟，適時祭拜燒香，就能平安無事，這種鬼魂要對她尊重，不但不會妨害你們，反而會保護你們！於是奉上香油錢，再三道謝離開佛堂，心想台灣會特異功能的人真不少，居然有這種法師，我算是佩服得五體投地，神怪之說不能不信。

回到工廠跟台幹到後山墳地，果然有塊石板，取回盡快蓋了座小廟，要求台幹有空去祭拜，以保平安，工作順利；我自己也親自祭拜，真誠禱告：姑娘！姑娘！有事托夢找我，不要嚇到員工。過了幾個月，請法師親自到廠作法事超渡，從那以後一段時間不再發生意外，而且生意比以前順利；這時我卻做了一個夢：早會時，有位女孩，很親切告訴我，謝謝董事長收留我。激動地夢裡又跟全體員工做了精神訓話。是她嗎？不敢說，真不可思議！！

過了二年，在台灣購買300噸油壓機一台及30噸4台油壓機，由台南市一位專家製造，完成後，他率技師二人

來工廠試車，大概事前有台幹告訴他廠內發生女鬼事，他不信邪！到了宿舍時，還大聲呼喝，叫女鬼今晚來陪我，哈哈！當晚大家相安無事，試車一切順利，回台灣的第二天，他很緊張打電話給我，說他買了飛機票要趕回來，我以為他說笑。

是不是在KTV喝酒唱歌不過癮？還想回來再次享受溫柔鄉？不是啦！我有急事要帶香燭紙錢，親自到姑娘廟燒香道歉！奇怪怎回事？我背上有個東西帶回來了！

我恍然大悟！原來大話說得過份了！不信邪？着了魔，居然讓他背回台灣了！專家回來了，誠心誠意到姑娘廟跪地祭拜，說自己說錯話了，

希望姑娘不要介意！原諒我！！

晚餐時，他說回台坐上飛機時，已感覺背上有個東西，到了台南仍感覺還在背上，他趕緊找了廟裡師傅問了神明，才知道得罪女鬼了！第二天飛回廣州，那背上靈異就沒了！這件事讓我們更相信神鬼力量不可小覷！更不能得罪啊！！

中國自從1949年中共建國後，唯物論的共產思想，也是無神論者，甚至在文革時十年，徹底實行破舊，紅衛兵燒了多少神像！破壞了多少廟宇！教育裡，鬼神是不能談的。大陸員工既便見到鬼魂，他們仍然不相信有鬼魂，他們就是不相信這套，初二、十六台幹們每逢祭拜兄弟時，只是斜眼旁觀，看熱鬧。

再舉二件千真萬確的例子，有一晚，十一點下班的二

位女工在浴室洗澡，卻見到一個無頭穿清朝服的鬼在窗外晃動，窗外是野草漫布的空地，嚇得一位光著身子跑回宿舍喊救命，另一位嚇得暈倒在浴室，第二天經總務課長跟我報告事實經過：

我是擔心是不是有男工搞鬼嚇人？但是清朝的服裝哪裡來？不可能！

只能安慰他們不要擔心，第三天二位女工不願留下，遞了辭呈回老家！為了安定員工情緒，我將帶來的台灣印的黃曆，其中附夾著一張符，我把它反貼在窗戶玻璃上，並點香燒紙錢，請他們不要顯身嚇人，自此之後沒再發生過。說起來還真可怕，年輕女孩怎能不被嚇暈。這鬼魂事傳開後，議論紛紛，就有陸幹開始參予祭拜點香了！

另一件事是門衛班長，工廠每晚都有二位守夜人，一位在門口，一位在宿舍附近。有一天早晨這位班長向台幹楊君報告：

世上真有靈魂嗎？有啊！看到靈魂不好是嗎？不會啊！怎麼了？昨晚我看到一個白影子，你看清楚沒有？臉看不清楚，披著長髮從員工宿舍飄向台幹宿舍就不見了！真的！絕對是真的，是不是打瞌睡作夢？我是不會打瞌睡的，非常清醒，你別說出去！請放心，看到是不會怎樣的。這位班長平時做事認真是退伍的兵，忠厚老實，不應該會說謊！

過了三天，他提出辭呈，不發一語，結了薪水也離開了！我們判斷可能又看到了，怕受到傷害，乾脆避開，一走了之！！

這也讓我覺得，能不能看到靈魂鬼怪？聽說八字比較輕，有陰陽眼，人運氣倒楣時，這三種人比較容易看到！！

以上事件在我回憶中忘不了！自此以後，也相信這世上一定有鬼神，能遇到也算是有緣，不相信沒遇到，不是遇不到，只是「無緣或時候未到」吧！當然一般大眾都抱著「信則有，不信則無」吧。

第十一篇、連生三女的電工

台商每家工廠，為維修機器及保證電力安全供電，必須請有證照的電工師傅；我廠起初最少二位，日夜各負責一班，工作清閒，沒事在電工房休息，有事就要盡快維修完成，不影響生產；但是廠內機械設備除了電器外，還有機械、高壓系統、鍋爐、油壓系統、自動控制、甚至家用電器，不但要維修、保養、清理，真的要幹活，是不斷有工作可忙的，如果想偷懶，也就閒著沒事做。剛開始，工廠設備新款，他們所學有限，經常無法一人完成，學電工的對機械不懂，懂機械不一定懂電力系統或自動控制，所以往往是二人配合工作，互相學習，有認真的維修工，常進修或自我學習，後來當了課長甚至廠長；懶惰的，只替人維修，一直擔任專業機器的維修工，當台幹出去另開工廠，新老闆一般對員工不會挖角，只會帶著維修工辭職，作為建廠時主要助手。所以維修工、電工，在廠工作都幹得不長，流動性也大，這種技術工又被工廠老闆器重，水漲船高，薪資逐年提高，有時還高過課長，甚至被挖角去當生產課長，曾聽說有年薪高達二十餘萬元，這種技術工在人力市場上滿吃得開！到處有人要！實際上卻是也不容易找到有經驗的技術工。

收入高，工作閒，有位電工就這樣全家快樂生活在廠裡，連年生了三個女孩，他是潮汕人，據說家裡長輩的要求，沒生下兒子，太太必須繼續生到男孩。在廠裡我們每年看著他太太肚子開始隆起，逐月增大，從未看她去醫院檢查，臨盆時到就送去附近醫院生產，第三天就回來了，帶了寶貝，是女的沒人祝賀，沒有親戚長輩來訪，先生照

常上班工作，太太就當是沒生小孩似的，當有人提起或祝賀，她總是淡淡地說又是女孩，有啥好慶祝！有時會說得傷心落淚。照理政府計生辦，對人口要求很嚴格，多生要罰錢，因為鄉村農民規定他家只能生二胎，生了女孩二個也不得再生，但家鄉傳統必須再生……所以寧可罰錢，生到有「雞雞」的才能停止。做太太的帶著三個女孩，吃的很節省，穿著更是簡單，每個女孩長得就是瘦小，營養不足，先生收入也不少，照理應該是買得起營養品給太太、孩子補一補，但是據我們工廠裡人所知，生女孩什麼都免了！能省則省，生產之後，應該煲個雞湯或什麼的，就是沒有看到，不知是他們當地家鄉習俗呢？還是捨不得花錢做補品？更談不到保養了！我曾問過電工，怎麼這樣對待自己太太？他竟然說我太太身體健康很壯，不需要！需要買，太太會告訴他。我想她又生了女兒已經達不到目標，心理已很嘔了！那有膽量要求補品？也許是個案吧！滿月酒、生日宴對三個女孩，幾乎是天方夜譚！從未見到有喜慶歡樂，我們台灣人看到，總會將多餘菜餚肉品或衣服零食之類，轉贈他太太，也算是代表一些同情心吧。

又過了二年，她肚子逐月增大，某夜又被送去附近醫院，第二天中午來了幾位陌生人，大門登記找電工，提著雞隻、雞蛋等一大堆補品，臉上泛著喜氣，口裡還唸著生兒子囉！去ㄊㄟˇㄊㄟˇ（廣東話看看），這可是從未見過的場面，就是因為她生了兒子，外省工說有「把子」的，什麼都給了！過了一星期回到廠裡宿舍，她可不必操勞了！安靜躺在床上緊緊摟著兒子，餵著奶，她婆婆媽媽可是忙進忙出，拿這拿那，煲這煲那，「硬」是不同，對著媳婦笑臉滿面，生三女孩時，連人影都沒有，生女孩不

必勞師動眾，生男孩大大的不相同，同事、親戚、朋友們恭喜聲連綿不斷，一片歡喜不輸過年。

再看三個女孩，也是高興得不得了！有時靠在床前喊媽媽看弟弟，穿進穿出，她們小小心靈裡，知道不知道？了解不了解？男女不平等的道理，有比過自身與弟弟出生的不同待遇？她們究竟是年齡小，怎記得自己的出生呢？當然沒有感受。成年後，我想，不平的感覺會不會越來越大？男女不平等的事與物，會帶給他們心理思想上怎樣衝擊呢？我又想，等她們嫁為人婦後，也會是一樣嗎？中國自古社會重男輕女早已根深蒂固，不管是台灣的女權高漲，中國的人口政策，能徹底改變「固有傳統的文化」嗎？我想，這是很難很難的事吧！！

第十二篇、如此日本產品（一）

2003年時，我廠專利產品業務到達頂峰時期，業務員接的訂單，來不及供貨，往往要排到第二個月；這時期的公司人數也達到最高峯，管理上請了ISO管理公司訓練員工，很快本廠取得ISO9001證照。獲得ISO9001認證後，管理上有了正確的規矩與依循的方式，我感到還有餘力去做些不同領域的生意；正好有位台灣人林君，因原來的公司不做了，沒地方可去，他說要跟我合作，做日本貿易，經交談後，他說是日本應慶大學畢業的，能說一口流利的日語，日文寫得非常工整，在日本打了幾年工，返台後，與日本人合作在台灣開了家電子變壓器工廠；有次一批貨交給某電話機工廠，被中間介紹人盜用貨款，因而倒閉；轉到廣東一家製不鏽鋼水箱工廠做事，沒二年，離開公司，另求發展。他在台商之間，久聞我名，乃自行引薦；林君來意與我另謀新發展意願頗為吻合，口頭答應：二人合作，不付薪資，只付吃住及日常開支，我負責所有的週轉金，除掉所有開銷，利潤由二人均分。林君聞言，也完全同意，就這樣開始對日貿易。他努力的找關係，我們經常去日本拜訪，日本人回訪，開支可真大。其中有一件代理，讓我對日本企業的信用度大打折扣，其過程如下：

日本有家發明環保專利產品的公司，機器不大，可以將餿水油經過濾後，與70%柴油進入機器攪拌一小時，產生乳化的柴油，可以直接用在柴油車，不影響引擎、不影響汽車動力，既可節油又是環保，這機器很有前途，我毫不考慮與出口商簽下合約，預備大力推動。機器售價很貴，大約100萬人民幣一台，但其環保節油的特性，經評估大約一年

就能回收成本。於是先在大陸試銷推動，發覺問題不簡單，第一、在大陸大量買賣油品必須有執照，申請可不容易。第二、柴油搬運也是很大問題必須有牌照油罐車，還有儲存放置等安全問題。第三、地下油廠很多，他們認為價格太貴，如降到50萬，就有許多油廠感興趣。第四、餿水油之來源更難，要有設備、有人力去收集，而且早有大批人在收集，少數用作肥皂的添加劑，利潤很高。多數還原做成食用油，賣到小吃攤，這就是害人致癌的地溝油。綜合評估，在大陸推展不可行。於是趕緊轉到環保較為上軌道的新加坡及台灣，先聯絡到幾位新加坡好朋友，跑了數趟新加坡，交談說明後，有三位老板組成一家公司想購買10台；餿水油來源，因早有股東的兄弟在收集，質量也不錯，選派了一位懂技術剛退休上校（聽他說跟李顯龍曾在台灣一起受過訓），這位上校提出二點：第一去日本看三家他們的客戶，並由客戶主管人員說明機器使用情形。第二先購買一台，用得好，其他九台隨後購買。我們想這要求很合理，不看工廠避免技術外流，這算是大訂單，當然林君跟日方溝通後一口答應。沒問題！選好日子同時飛抵東京成田機場，出口商接我們到一家工廠，看到機器，但客戶主管沒出現，現場日本商把餿水油及柴油混入運轉一小時，再倒出灌入柴油車，大家開了車轉了一圈，確實還不錯。李上校問第二家在哪裡？出口商噤聲不語，由林君回說：認為一家已夠！看多沒意思！李上校也沒說啥，第二天坐飛機回到新加坡，我看在眼裡，日本廠商做事方法太過份，看三家客戶真的不難，為什麼不安排呢？第三天李上校打電話給我，說很抱歉，不能同意日方作法，所以訂單暫時取消，但仍願與我做好朋友！應該是我們日本代理商沒溝通好。但是十台訂單可不小，李上校的要求不為過，所以非常責備林君，他所得之答案，是日商要看到訂

單，這太過份了！訂單與看機器使用狀況互相是沒矛盾的，日本商人懷疑心太重，不信任客戶。同時在台灣推動也有了消息，有家私人加油站透過很好關係，也要到日本看產品，可以先下一台訂單。經過聯絡，日方回應非常離譜，說見到訂單前，不能先看，並要求直接開L/C，顯然這事又談不成了！最後得到消息是怕台灣買一台回去模仿，所以乾脆不賣了！這簡直是過份又不講信用，我們公司算是空歡喜一場，總結公司前後在這項投資案上損失100萬元人民幣，血本無歸，欲哭無淚！

　　最近一年中日因釣魚島主權問題，日方一再蠻橫不講理，一切以他們說的算數。以我與日本人打交道的情形，日本商人也是一派胡言，簽下的合約做不到不說，還加侮辱我們人格，他們只佩服美國人，對亞洲人根本看不起，所以忠告各位商業老板，與日方打交道，必須特別小心，要一步一腳印。我的損失不算太大，我同學早已警告我，替日本推銷代理業務，待你業務做大，他們就取而代之，決不讓你一人

獨大，真是經驗談。可惜當時沒在意，覺得產品好，一頭就
栽下去了！

　　日方做法，是殺雞取卵，結果總是兩敗俱傷。像鍊油
機代理事，本來就是價格昂貴，很難推廣，我們能夠取得二
地訂單，已相當不容易，但日本只是怕仿冒，寧可不接單，
失去二個國家商業機會。我因為看到日廠如此「混球」，於
是花了半年時間研究改良，這種乳化機器造價最多人民幣10
萬元，而且混合比率可以將餿水油提高到50％，我將研究結
果在大陸申請了專利，但值不值得開發推展？因為再回頭去
找客戶，真是有些不好意思，還在評估，目前暫時擺在那裡
吧！

第十三篇、如此日本產品（二）

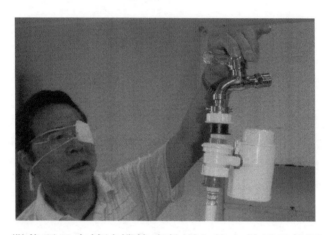

　　繼代理日本鍊油機慘痛教訓之後，林君又找了一家在東莞市塘廈日本人平久井健三設立的公司，生產臭氧發生器的水龍頭，已申得多國及中國專利，臭氧發生器體積小，其原理是利用水壓衝力，推動小型渦輪機，再由渦輪機帶動小型直流發電機，產生昇壓電極，在空氣中發電極化O2（氧分子），變成O3（臭氧），順著水流流出直接洗菜、洗水果，非常方便，具有殺菌作用。其體積小可以直接裝置在水龍頭下方，不必插電。較之傳統的臭氧發生器必須接電源，連接塑膠管到水盆內消毒，這產品完美多了。我們參觀了工廠，工廠不大，日本老板倒是很認真品管，還請日本退休人員在現場管理督導。我們毫不懷疑下，簽下大陸總代理，開始進貨銷售；起初我也不敢隨便擴大，先向朋友餐廳推銷，老朋友一口答應使用，還刻意打出廣告詞「本店採用臭氧消毒，請安心食用」。過了三個月，我們主動去檢查，6組中發現有2組不發生臭氧，立刻交給日本人，他很負責換二組新的給我們。我想：這產

品那麼快損壞？日本人說有些零件是本地生產，可能影響到品質。我提供了一些材料，可使空氣溼氣不致太高，比較容易生產O3。既然日本人這麼肯定，也相信日本技術沒問題，於是印了些盒子及包裝方式，看起來較為高貴，印了中英文說明書及廣告，準備開始大力銷售。國外我也推到新加坡及馬來西亞，尤其馬來西亞馮董事長，他是獅子會會長，聲望高，心地好，經過他實驗後發覺臭氧對於高溫潮溼地區所產生皮膚病有抑止漫延止癢作用，而且馬來人每天經常沖涼二次以上，有了臭氧水可以抑止皮膚病之生長，效果當然很好，他代理銷售，並不想賺很多錢，只是想由獅子會出面，免費提供幼稚園、養老院、孤兒院等慈善機構。

另外再分區推銷達到財務平衡，多賺的錢捐給貧窮人家做好事，為了這種出發點，馮董前後七八次往來大陸，我很開放，讓他們到東莞與日本人直接交談技術問題。馮董很滿意，訂了數百個，在馬來西亞濱城大力推廣，結果先捐出去的，用不了多久，開始損壞不發生臭氧水，而且還得找工人去給他們換新，經過三個月，馮董通知我，對這產品沒有信心了，售後服務很麻煩，質量上也有問題，不願再銷售，並說沒想到日本人技術不如預先的想法，產品品質應該沒有管好，哪有只使用一個月臭氧器就故障，看在我的面子，他也不好意思退貨，因為實際上他參予工廠交流技術指導，自認為很有信心，不怪我們代理，真的很遺憾。

同時間新加坡也買了五十個，由買方Mr. Law Son自己用，也拿去賣了一部份，結果也是一樣沒臭氧了，他不敢再賣，也不敢再推銷，剩下十幾個，只能當庫存廢料了！

　　最糟糕是國內推銷造成的傷害更大，其中最大經銷商是深圳二位台商，王董是非常有心要做電視廣告，全國舖開銷售，事前來了幾趟，我也開放隨他們去東莞廠看清楚日本人如何製造，於是他們也是信心十足，先買了一百組，試銷一下，並且開始訂廣告時間及拍片促銷，確實在廣告上花了不少錢，也讓我們參予廣告拍片經過，我也認為這下可好，總算打出一條路，各地經銷點也紛紛訂貨，沒多久有些客戶及經銷商反應回來，用不了多久，沒臭氧水了！要求退貨及更換，王先生立即反應給我，怎辦？我說你也知道不是我生產的，我也很氣日本人，願意的話，聯合起來控告日本東莞廠，要求賠償損失。其實上述三個國家的銷售，差不多在一個月內同時發生不良狀況，經過一段時間王先生也沒再提，也不知是何原因，大概損失不太大，也還沒大量推廣，總算沒傷到筋骨吧！網路電視也停止播放，各地經銷商也反應不再銷售，損失自負，真的是沒想到，日本人產品怎會如此差勁，不顧品質。

　　經過半年後，居然我又看到二家銷售商代理銷售他的產品，我曾問過那日本人的二奶（小三），難道他還敢推廣銷售，不顧質量，她笑笑！她也不懂怎回事！真的這種日本商人在大陸胡搞騙人！！

　　經過這二次經驗，再也提不起勁銷售日本產品，後來也有人再提供我日本汽車省油器，我也親自試用，結果並無節油，就毫不考慮退回，不敢再冒險了！從此日本產品對我來說，自用可以，要銷售經營，也就免了吧！

第十四篇、龍門鎮購地案

　　龍門鎮屬廣東省惠州市管轄，靠近增城市邊緣，惠州的台商黃董，介紹我去看那邊的土地，說是開展潛力很大，並稱有位台商，很早向龍門政府承租了千畝土地，栽培農作物。於是約了日子前往考察，路不好走，開車三小時才到，龍門鎮書記及政府官員列隊歡迎我們，介紹說明鎮內的優點及未來規劃，中午並備酒席，熱烈歡迎，希望我們投資設廠，杯盤交錯中結束回廠。當時我們確實想擴大投資設立另一家廠，也看過多處土地及廠房，都不理想，在龍門鎮看了一片綠油油山坡地，臨著馬路，面積500畝到800畝（大陸1畝相當台灣200坪），有山坡、有綠地、有田、有水池，甚至有地熱溫泉，如果依地形地貌去規劃，應該可以說是塊非常美麗的工廠及住家用地。為了交流，於是邀請他們到工廠參觀，瞭解我們製造什麼？未來的發展是什麼？而且我們生產的產品都是自己發明，並申得專利，沒有廢料，沒有廢水污染，他們瞭解後，更是熱誠希望我們去投資。我曾跟台幹楊經理討論，希望他能合作，由他負責主持龍門的規劃及投資一部分，他也答應了。此事拖延了二個月，市政府才將草約及租賃辦法等，正式送到，其中細節很清楚，土地以五十年租賃方式，每年租金只需幾萬元，價格批得很低，投資金額不大，值得規劃設立第二廠區，頗利於業務擴展。因事務繁忙，談談停停又過了三個月，龍門鎮單方面的正式合約也簽好，蓋上紅頭政府印章，只等我們同意蓋章完成合約手續。這時我再問楊經理，這事如何處理，沒想到這位老兄還是我教過的學生，居然一口回絕，說他不想投資了，也不想負責！完全違背了當初他爽快合作的意願？他說此一時彼一

時，聽了！真火大！一點道義信用都沒有。開拓新廠需要有台幹管理，金錢不是問題；顯然這段時間他有意見沒能申訴，照理隨時可以跟我談，整體規劃只差臨門一腳了，臨時突然變掛，讓我難以適從。算了！這種人出爾反爾的，也不是合作對象，他的去留隨他去吧！

但是租地發展新廠，怎麼善後？如何交代？沒台幹駐地經營，一時又無第二人選，幾經考慮，我只好放棄！原抱著熱忱、期待去考察發展，結果冷冷清清地結束，尤其對龍門鎮書記，我真的過意不去，心想人家是誠心誠意，遭到如此結果。這事就這樣不了了之，以為不投資也省了很多煩惱事。沒想到事隔二年，龍門鎮書記打電話給我，說台灣遠東水泥廠到龍門鎮投資，訂了很大一片土地，要蓋水泥廠，將引進許多附屬配合工廠，他說你們當時如果簽下合約，不到二年就會有台商要求用你的租地蓋廠房或跟你們配合發展，那你們不是就發達了！可惜了！我無言，只能微笑以對，我說跟貴鎮的「土地公」沒緣份吧！祝他們龍門鎮更加繁榮發展。

任何一件投資案，確實很難定論，是好？是壞？尤其大規模的土地廠房，難以評估，是對？是錯？但這件投資案顯然是對的，沒去是錯的。部分台商在各地經商、貿易之餘購買了房產地產，2000年連年暴漲，比做生意好多了，他們都有良好的眼光，正確投資，賺了大筆房地產。如果當年莫管台幹變不變掛，先簽下合約，取得土地，雖暫時沒有人選前往主持，可以學習那位台商栽培水果、樹木，以待來時。照書記的說辭，不過二年，機會就降臨了！唉！龍門就在咫尺，我卻選擇最最下策的逃避！一念之間，成敗立判，鯉魚跳不過龍門，命也！運也！能怪誰呢？

第十五篇、男婚女嫁

　　廠內所僱的員工有男有女，來之四方，鄰近的省份以湖南、湖北、四川、江西、廣西最多，其他省份河南、山東、安徽、浙江、福建、甘肅為少，他們因同鄉相聚一起來到廣東打工，未婚男女難免相悅在廠裡談戀愛，進而結婚者有七八對，婚後生活美滿生兒育女，事後仍然繼續在廠打工，子女大多帶回家鄉由父母親帶大，公司也算做了媒人。但也有始亂終棄的，以下舉幾個好、壞例子，讀者就當小說看吧！

　　一、有位業務員年紀不大，只有十八歲，個子高，話語不多，他是湖南人不知何時看上了一位江西姑娘比他大幾歲，這位江西姑娘對他也有愛意，不久兩人偷吃禁果後，居然種下珠胎，兩人都不懂，只知男歡女愛，等到知道，已不便打胎，這位湖南男孩恐女方親戚追究，怕到不知所措，連夜不告而別，不知去向！江西女孩反而勇敢生下孩子，並獨自將男孩養大。過了十多年，湖南男孩居然在廣東台商工廠當了副總，收入頗豐，結了婚也有了孩子。幾經波折，江西女孩找到他，經過談判知道這事難以挽回，只好接受，男方賠了些錢不了了之，也只能說兩個省的愛情，因為距離遙遠，較難以婚姻結合，當然這男孩始亂終棄，是既膽小又不負責任的明顯的一例。

　　二、有二對夫婦是全在我工廠做事，因為是同鄉湖南人結婚生子都發生在廠內，夫唱婦隨，感情特好，男的都很老實，不多話，說話時家鄉口音特重，很難全聽懂，過了二十年他們的孩子，書也讀得不錯，都進入大學，老

爸老媽可真辛苦，打工也打了二十多年，總算放下重擔，但他們仍在其他工廠做事，老老實實工作沒其他需求，生活平淡，日出而作，日入而息，無歧無求。真令人敬佩又羨慕，養育子女長大，也算對得起家中長輩，可惜生的少，生多一個會遭致鄉裡生計辦罰錢，我也告訴他們，只生一個，將來你們的孩子是很辛苦的，需要照顧六位長輩及一位子女，獨子或獨女養育也不容易，但是從他們經過20年，目前狀況並沒想像中的可怕，因為鄉村老人都有農保，打工有社保，二對夫妻都能自立更生，早已儲備積蓄足以養老，當然他們生活安定，歸功經濟發展及外資投資設廠，提供了良好的、安定的工作環境。

　　三、另一對更有趣，男的四川人，個子不高，在對面工廠工作，看上我廠內的一位湖北二級城市女孩，起初兩人相悅，也能逐漸走入愛情路，但女孩被同鄉笑話說，四川人窮，還是鄉村人沒前途！兩省又相隔很遠，值得嗎？女孩有些顧忌開始疏遠，男孩知道了，感情已付出，捨不下這段愛情，痛苦不已，一晚喝了酒壯了膽想撞入我公司大門，被門衛保安阻止，仍強行進入並大喊女孩名字，說愛你一輩子不要放棄我！希望再見一次面，女孩卻躲著不敢出面，門衛打了電話告知台幹，台幹迅速到門口，合力把他抓著，準備送出大門，但他很「牛」，就是不肯出去掙脫數次仍是大喊特喊，台幹火大了毫不客氣開始舉拳揍他，在這緊急時刻，女孩聞聲居然不忍心他被打，趕過來，急著喊別打別打！當然台幹收手，女孩苦著臉掉著淚，把男孩抱著扶進房門，這事當晚不了了之，但是第二天，他們又恢復感情，男歡女愛過了幾個月，他們居然結婚了！辦了正式婚禮，雙方父母經勸說也無法反對！後來

我們台幹茶餘飯後談起，都認女孩感情脆弱，心軟！看到男孩被揍，同情弱者之心油然而生，愛情的力量立刻昇起，揮起的拳未落，揪心的人現身，是台幹把他們打入洞房？還是真心感動了彼此？有情人差點失之交錯！有緣人終成眷屬！之後這對夫妻他們恩愛如常也生了二個小孩，買了二戶房子，算是過得不錯。同仁們常提起他們，說真應該感謝打他們的台幹，哈哈！不打不相識？該是他們要成夫妻啊！月下老人也真會安排，擋也擋不住！

第十六篇、劈腿

有位員工是廣西人姓馮，家境環境不好，應徵公司業務員，高中畢業，人很聰明，喜歡讀書。我曾與二位台灣朋友計畫到成都設廠生產我的產品，共投資二十萬元，先由一位俞君負責當地推銷，這位仁兄帶了我訓練過的業務員三位，在成都租了房，開始推展，俞君不但沒有推我的產品反而代理另一種品牌，這倒無所謂，任憑台商個人作法，但他對員工很苛，二個月不發薪水，員工只能以餘錢每天吃饅頭二個為生，其他員工不敢出聲，業務員馮君寫信告訴我實況，為免自己訓練的子弟兵受委曲，我親自前往，為他們爭勞工權益。到了先找到馮君，了解實況後，再找俞君所租的房子裡，擺飾不錯，還有位成都女人作陪，質問之下，他說所投資款已用完，而且已用了自己錢，因為錢沒匯到，只好暫時沒發薪水，我說員工薪水是不能欠的，他們可以隨時到勞動局申訴，這不是很丟台灣人的臉，況且投資款不足也要提出帳本讓股東了解，需要再投資或停止營業也要開股東會議決定，俞君在台原是在中華工程做行政工作，照理合夥理念，他不會不知，到了大陸，忘了規矩，最後幾經協議，俞君放棄推銷經營，第二天把積欠的工資付清，至於後來俞君怎樣在成都是否繼續打拼，也就沒有再談起，對這位台灣仁兄也懶得管理這檔事。另一位高雄股東賴君，曾告訴我他損失五萬美金，他啥事也不知，也沒看到帳本，虧死了！這就是台商互咬互害案例之一。

至於馮君，交談之下，問他願意繼續在成都打拼做下去嗎？願意，我說租一房二室，可以住二人，我會再派

一位過去，兩人共同去拼搏業務，費用全部談好，可以大力推動，沒有後顧之憂。馮君也能吃苦，沒事會往新華書店看書，文筆也不錯，一副書生樣，很得我喜歡，往後成都業務雖無大起色，也有一些成績，財務可以打平。這時公司內有位女業務員是貴州人，家境困苦，長得標緻，個性內向，不輕易與男生搭訕，我心想她年齡長於馮君，突發奇想派她去成都，處久易生情？也許兩人有姻緣可以結成夫妻，我也可以做一次月老；後來的發展，果然如我所料，她愛他的才，馮君看上他的美與賢慧於是近水樓台先得月，愛情在他們之間油然滋生，大陸人對愛情，倒是很單純先進，男女同居一室，當然先上床後補票，等到他們二人調回廣州不久，生米已煮成熟飯，水到渠成，在廣州舉行婚禮，奇怪的是雙方父母都沒來，理由是沒錢買火車票，我就順利成章的當了主婚人兼介紹人，在同事好友祝福下，也算隆重莊嚴完成婚禮，兩人分別在不同部門工作，馮君升任公司總經理秘書，太太在業務部管理檔案，升任業務經理秘書。這段愛情故事似乎很圓滿，生了二個孩子，起初我想促成這對姻緣，應該是白頭偕老、永浴愛河，沒想到她的妹妹到了公司工作後，發生變故，是不是七年之癢？也只有這位馮君了解。這種馬路新聞，不是公事，往往我是最後知道的，是因為我想派她妹去廈門設點，由馮君定期查訪雙方都同意，沒想到有人打小報告說，她妹跟馮君有一腿，關係曖昧，這問題可大，我當場問了馮君，當然否認，經過我私下再打探，果然如此，大家都知道只有我被矇在鼓裡，馮君老婆不管嗎？這種清官難斷的家務事，誰願意插手管？於是我也不願再投資廈門，人品不足，怎能讓馮君劈腿之外，還可以消遙到廈門？當然她妹也不應該，看在姊姊份上，要做也不至於跟

姊夫，馮君雖好讀書，文筆也可以，但事業未成先犯了愛情外遇，實在不該，後來他們二人在公司的閒言閒語中，待不住，分別離了職，這也好！我犯不著去管這檔閒事了！但損失一員大將，覺得很可惜，人才不多，而且要培養一位可信的人才，更是難啊！！

第十七篇、美國軍機誤炸南斯拉夫中國大使館

　　記得1999年5月7日深夜，電視新聞轉播美國軍機誤炸南斯拉夫中國大使館，造成多人死亡。我以一個受過軍事訓練，又當過預備軍官，對政治有份敏銳的看法，真的是誤炸？可能嗎？心裡難免也有一點不平。以美國軍機武力裝備及精密的儀器與雷達，會看不到大使館那麼大的目標？衛星映象偵測也不會錯過地面上一個十元錢幣，顯然是故意或另有目的，誤打只是措辭。當時，我正往蘇州等地出差，看到新聞後，總覺得應該做點什麼？突然靈機一動，立刻打電話回廣州；

　　問廠長：看到新聞沒有？

　　你們感覺如何？

　　那你怎辦？

　　廠長除說些非常氣憤話外，不知如何表達憤怒；靜默十秒，續問；

　　你們想具體表達氣憤嗎？

　　想！

　　當機立斷即刻指示：馬上在廠門口拉上布條，寫上「抗議美帝誤炸中國大使館」，我們不能上街頭抗議，至少在工廠門口拉上布條，支持那些愛國青年上街頭抗議行為。

　　廠長高興而激動的說：好！馬上辦！

　　返回廣州一問，他們只花了半小時就製作完成，高掛的布條，有路人駐足觀看。也有附近居民特別圍著觀看。這是全體員工的一致想法，這在我們鎮上是首創之舉。第二天，當地鎮政府官員也來訪問，清楚原由後說，你們真愛國，是「愛國廠商」。我回廠後特別打電話向鎮政府的肯定致謝，並表示，這不是我個人的要求，而是全體員工的意願。我衷心祝禱中國人也能自由自主地表達他們的意見，表達他們愛國、愛民族的精神，這是件好事。

　　愛國之心，人皆有之，單看如何運用，讓他們憤怒的有所發洩，他們的愛國情操也能表達。想起我們在台灣時期，保釣（釣魚台）運動、退出聯合國、中美斷交等，我們何曾不是過來人。中華民族被壓制得太久了，給他們正常管道發洩情緒，沒什麼不好！優良的星星之火，何妨燎原！

第十八篇、申奧成功的那一晚

　　記得在台灣看球賽，每遇到台灣球隊不能掛上青天白日滿地紅國旗，總是義憤填膺，氣憤不已，但是，能怎樣呢！還不是只是一陣風而已。看到棒球打贏了！舉國歡騰，熱淚盈眶，就算深夜轉播，也寧願不睡，盯著電視。台電還創下夜間用電高峰，愛國心在國人心中，幾乎人人皆有。

　　大陸自從開放後，各項運動也逐漸抬頭，獲得的金牌，多得可以媲美美國、蘇俄。每次實況轉播時，看到中國運動員用漂亮體能、高超技藝，贏得了各類獎牌，雖然與我們有那麼一層隔閡，雖然沒有高興的眼淚，但在哽咽中，卻有一種取代性的愉快。回憶北京爭取奧運舉辦權，開票的那晚，轉播實況在那瞬間一刻，北京以高票取得2008年奧運承辦權，在場觀看的員工（我特別放臨時假）在同一時間爆發歡呼叫好，我與台幹也不禁同聲高喊，那

是多麼令人興奮的時刻，那種原只是取代歡喜的心情，完全拋之腦海，就像是台灣得到勝利一樣，台幹陸幹間之隔閡，完全沒了，台幹們抽掉平時嚴厲形象，像中國人一樣嘶裂歡呼。你說兩岸統一，在那瞬間融合了也不為過！這時我激動的淚水不禁落了下來，不再只是哽咽了！

第十九篇、租廠的廣東佬

　　七年前，由於經濟環境的變遷，我也承受不了成本逐年不斷的增加，勞工難覓，又無台幹協助下，只好將部份工廠出租。一位曾在我工廠工作的員工肖君，頗有意願，但因資金不足，找了好友廣東人張君，張君的父親又怕自己孩子經驗不足，找其親舅楊君協助，承租人變成三人合作各有三分之一股權，張君登記為負責人。開始轉交工廠設備時，難免為作業有些口角，生產一開動，他們都忙了起來，但三人都不懂得生產管理，遂共同管理業務，肖君管理生產，張君管理財務，倒也相安無事，但對我這位房東可能挑剔刁難些，雙方相處並不和諧。第一年他們就賺了300萬元，幾個人開始信心十足，就不再過度要求，看在錢上也就叩叩碰碰的相處了四年。到了第四年合夥生意難做，這位楊君藉故在辦公室吵架！責難肖君及其太太，並聯合外甥張君對付肖君，這種毛澤東思想聯合次要敵人打擊主要敵人，肖君沒辦法應對，就另與同鄉到東莞開設新廠。而外甥舅二人各執50%股份，與我續簽三年，這三年因為張君跟我們協調良好，也就沒多大紛爭，就這樣過了二年半，舅甥開始對立，楊君父子要求提高佔股份至60%，張君當然不同意，並據理以爭；正好有家發泡廠要出售，遂請舅舅去承接，事實上兩人都不願去接一個舊廠，楊君召集家族親屬召開家族會議，結果張君揪不過家族壓力，夫妻倆勉強接下舊廠公司經營，楊生另請了廠長協助管理，簽了約應該沒啥問題才是。實際不然，自當年一月份起水電費計算變更，他不同意，要求降低，只為了幾百塊錢水電費，居然拖了五個月，我們實在忍無可忍，開始停電應變，初步停電十分鐘作為警告，楊君還氣呼呼

當面指責，甚至要打人，好像欠了多少錢似的，幾經考量，就在當天下午五點，我們採取停電措施關閉電門，所有機器停頓。工人沒工作跑出來看熱鬧，楊君打電話通知公安，楊君跟公安說停電每小時損失二千元，要他們開證明。

公安非常理智問我配電房所有人是誰？我說我們興杭公司的。

你為什麼停電並上鎖電門？

我告知，他五個月不付電費，為了電力安全，閒人勿進當然鎖門。

公安轉問楊君你為什麼不付？不付電費別說五個月，一個月房東就有權力停電，你趕緊結清。

至於經濟問題由法院處理，公安管不了。

楊君惱羞成怒暴跳如雷，叫員工拿大鐵鎚要撬開電房鎖；

公安人員說你懂法律嗎？你只要損壞他的東西，破壞別人財產，我可以馬上抓你。

他是台灣人受到政府保護，你只要敢無理動他打他，我立刻抓人。

這時他察覺自己錯了，但不死心，馬上開車堵在大門口，說道路也是我租的，不讓車輛進出；公安告訴他，只要房東告知妨害交通，拖車單位會立刻派車拖調；

這時他沒輒了！他在旁的親戚及廠長趕緊說情，我

說好，三天內付清電費，否則隨時停止供電！這位不讀書又不瞭解法令的廣東老板，想以地頭蛇方式強行對付，事實中國政府早已一切依法辦事，公安水準，也早已逐年提高。頗富法律知識及觀點，這是正確的。希望廣東老百姓再不要弄不清楚中央政策，處理民事法律依據，早點多瞭解法律常識，不懂也要問問專業律師，不應該還是老一套喜歡欺侮外省來的民工，等到外省民工不願來廣東打工時，廣東老板又靠誰去幫你賺錢，尤其像楊君這種對內排除別人，並把股份強行佔為己有，對外既不知法律，又不依規辦事，處處耍強，不盡人情。經商開廠，不循正道，最終一定自食其果，希望楊君能記取教訓，好自為之。

第二十篇、兩次失敗的投資

拓展業務，將我們公司的建材產品向廣東以外各省推展，乃公司既定的策略。蘇州加工廠已經完成，第二個據點，希望往重慶或四川發展。因台幹人力不足，希望與臺商合作，經多方面徵詢及介紹，有位在中華工程公司作過事的朋友有興趣，經聯絡高雄專作衛浴設備的朋友來我工廠參觀，覺得先用二種產品以貿易方式推銷，待業務量大時，再設加工廠，似乎一切說好了，三人三等分出資，由中華工程張君先行主持市場調研及推動，我先訓練三位業務員，派去協助，由高雄黃先生先行墊出五萬美元作為張先生初步所需費用，我則以機器代替投資，但也借出一萬美元作為開支之用，張先生帶了三位業務員直往成都，租房與業務員分開住，過了四個月，有位業務員馮君寫了封信告訴我，薪資未發只給了些零用金，每人每天只能幾個饅頭維生，推銷業務是跑了許多公司，反應很好，只是要等工程得標才會下單購買，至少業務展望很好，需要等待，開貿易公司怎能一蹴而成，要忍耐等待。但是我還是跟高雄黃先生說我跑一趟看看怎麼回事。到了成都與業務員會合，結果只到二位，其他一位早已另謀高就，第三位也找到了，準備辭職；我不擋員工前途准他離職，告訴他薪資一定發給他們。環境不熟悉找了位成都老友，一起夜間拜訪張先生住家，進門後家中擺設就像台灣家庭，應有盡有，舒服得很，並有位四川姑娘服務，告訴來意，問他狀況如何！他說沒生意只有開支，他的錢也墊下去還不夠，我說不管怎樣，業務員薪水不發是違法的，勞動局會要求強迫付清！他說他不想做了，我說不想也得三人坐下開會商談結束，把帳弄清楚，否則合作簽的協議書是假

的？你是負責人應該召集大家開會提出帳本，結束也要有個交待與依據，他說明天會付清他們的薪資！回台灣再找時間溝通，這事有點不了了之的味道。最後我聯繫高雄黃先生問他知否上情？結果既無下文，電話也聯絡不上，方知又是個虎頭蛇尾不負責任，只想賺錢，不想盡責的台灣人。

有了上述的經驗，不再敢隨便跟人談合作事業。有位空調製造業吳董，他在成都有個辦事處，覺得多賣一項產品業務機會更大也節省業務費用，於是我列出計畫，以蘇州公司模式進行，設加工廠，除了建材外，還販賣生產專利床墊，以應市場需要。吳董要求將蘇州分公司的李經理調成都協助，正好李經理要回家鄉結婚，也同意到成都當經理，吳董有位親戚開SPA當總經理，經洽在他的辦公室合租，開始招兵買馬，請了七八位業務員，開始一星期訓練，我親自主持三天，也順便談些銷售空調箱及盤管風機，似乎一切順利，每星期李經理總有業務狀況報告，業務員不斷拜訪客戶，包括設計院、工程公司等等，甚至有台商正蓋大商場及五星級酒店，未來情況展望是看好，只等訂單。李經理因逢新婚，有些事情與台幹總經理不合，李經理意見是只要客戶需要，賣玻璃棉能賺錢也做，這樣可以跟一些工程公司保持適當業務，但總經理管帳務說一定要客戶付現金，月結不做，這很難，一般工程公司靠信用去決定付款方式，只要有交易不怕他們不付錢，兩種不同的觀念造成公司成員無從適應，兩方人馬越弄越僵，雙方不能和諧，顯然只有支出沒有收入，加工廠人員也是掛空檔，最後是總經理向吳董提出：賺不到錢，沒有前途，意指乾脆結束，我是小股東不能多言，只好聽吳董作決

定，當然他是聽他親戚意見，將員工全部辭掉。只留下一位，李經理也停聘，由總經理收尾，他先將帳本結帳，還剩下多少資金，有多少財產，應收應付寫得很清楚，最後要求我將機器運回廣州廠，待人收購，經過二年後才有人殺價賤賣，依每位股東應收應付，結束一切。這次合作深感遺憾！任何合夥股東最難的是聽信謠言，人員不合，各說各的；那有工廠只經營半年，又不是餐廳，半年沒生意就不做了，工廠沒經一年作業，也沒經市場調查，那能知道可做或不能做！

況且工程公司需要得標才會採購，經過半年努力，李經理成竹在胸，認為一定會有大訂單，可惜，就是忍耐不住，怕錢虧光，再加人不和，想法不同，那就很難有結果，最後是吳董佔大股，虧得最多，其次是我。總經理有薪水不會虧，李經理也有薪水正好趁工廠結束，回家鄉相夫教子！如此草草投資怎能融洽成功，事業能否成功？真不是天時、地利而已，最重要的，還是人和。

第二十一篇、鄉村選舉

大陸人民政府為表示也有民主選舉，以最基層的村為單位，實施自由選舉。起初我沒去瞭解，也沒時間去關心，平時看電視，多半選擇中央電視台，每天所報，都是國內外重要的新聞，很少涉及地方政府事，更甭說村里的事務。我們工廠座落某村，究竟村長是誰，從未聞問，與政府官員交談時，更不會提及。有一年，公司租車接送業務員收款及跑業務，其中有位羅姓司機，有幾幢房，買了1600CC本田車租給公司，有一次我坐他車，他突然問我

參加競選好不好？

我問選什麼？

他說

選村大隊長，我不明白大隊長是幹什麼的？

處理村中工程及一些瑣碎事，

他認為選上後，地位加高，受人尊重，而且有好處，

我問為什麼不選村長？喔！那不行，要共產黨員，資歷要深！

他想台灣的選舉很普遍，平時聽我說及，他想問從中吸取選舉經驗知識，我告訴他要選得上，必須要關心村中大小事情，經常主動為村民服務！村民自然會記得你；選舉前要作好宣傳，要到每家拜訪，最厲害的一招，是揭露前任大隊長所作所為不法事不公平事，要揭露其瘡疤，打擊其短處，宣揚自己的抱負，保證清廉任職，村民第一，服務

至上。他聽得很仔細也很認真。後來他真的照我方式進行參選，果然高票當選，車也不出租了，專心辦村裡事。經過一年，有一次相遇，他跟我說他很認真，也很努力，村民都說做得比上一任好，個個喜歡他！我恭喜之後，並鼓勵他要堅持到底，臨別時，他偷偷告訴我，他賺了20~30萬元，不是他要的，是別人自動送上門，並拜託他做事！喔！原來如此，做個芝麻綠豆官，油水還不少。過了五年，他竟然當選上了副村長！服務村民，做得比上屆好，應該是他成功之道。

一日為官終身難忘！而且有權就有錢！台灣早期的村鎮選舉何曾不是如此，莫怪他們也是民主選舉的初步。後來聽說在廣東想當選有肥水的村長可不容易，必須請吃飯，開的是流水席，還要給些好處、紅包，花上個百萬元競選不為過，有二個大家族競選也曾發生毆鬥，打傷人打死人也時有所聞，可怕的民主選舉制度，是不是在兩岸皆有同樣弊病呢？還是美式民主，其根本就有商議檢討之處？

第二十二篇、地下錢莊

　　1990~2005那幾年，我們中小企業，大都把港幣存在香港銀行或澳門銀行，因為台灣政府規定，資金應經第三地（國），才能轉投資大陸。規模略大的工廠，多半會在香港設置公司或繳些費用設立名義上的香港公司，並利用香港銀行支票作為交換生意的工具。當時大陸銀行手續繁雜，制度保守，提款時，行員還會問做啥用？好像是跟銀行借錢似的，而非提取自己的錢；每日取款不可超過五萬元（人民幣），還要事先報備，第二天才有現金給，否則領不到；所以台商都在香港或澳門作為收支交換站，收到支票存入香港戶頭，開出的支票也是香港帳戶。公司負責人或台幹會計每個月總會有幾次到香港存支票、開支票並提取港幣，帶入大陸黑市換成人民幣，支付行政費用及員工薪水。但是大陸海關法，規定帶入超額的現金如不申報，一律沒收，申報也有限額，多了也不准。台商每次過關時，躲躲藏藏，就怕被查到；規定如此，投訴也無效，各國都有類似規定，只是金額上下限不同。記得有兩次，關員打開我的手提箱檢查，問我帶了多少錢，我只說一千元，他說不止吧！東翻西翻找不到，遂藉口所帶的台灣經濟雜誌不能帶入為由，要你自行丟進垃圾桶了事。所幸當時膽大鎮定，順利過關，殊不知港幣藏在襪子裡，如果被查到，就慘了！1995年之後，出現地下錢莊，解決了我們帶進帶出的困擾，只需給港幣，就可以換成人民幣或台幣，這都由大陸人士經營或有些台商協助幫忙轉匯，不論多少皆能兌換，當然利潤中又少了3%匯率。

　　為什麼台商要如此麻煩？而且匯率損失大，原因當

時台灣無法匯款到大陸。香港銀行制度完備，開戶、支票支出、現金存取，都非常方便。大陸銀行制度未能完全開放，尤其對外匯管制嚴格，現金存取不便利。實際正式自香港匯入，光匯率損失在5％左右。我曾問過銀行，匯率損失為何如此之大，原來港幣非美金，所以先將港幣換成美金，再從美金換成人民幣，這才是你真正的人民幣金額。

如此不是被剝了二層皮？所以小台商忍著風險，從地下錢莊可以減少5％損失，於是當時地下錢莊生意興隆，主要客戶就是台商或港商了！而且黑市美金或港幣的匯率比官方要高。

自從中國經濟飛漲，台灣也開放人民幣存、取匯、地下銀行似乎已不復存在，很自由在兩岸匯進匯出，逐漸香港銀行對台商無用武之地，個個取消戶頭，第三地空頭公司也註銷，可節省開銷，兩岸之間經濟更加透明化，對於台商真是方便不少。

第二十三篇、遇到台流

偶而在公共場所只要聽到台灣話或台灣口音都會先問是不是台灣人？台灣哪裡？話匣子一打開，就以台語交談，有如他鄉遇故知般，於是天南地北，經營、投資、發展如何如何等等，無所不談，事後也會留下聯繫方式，日久也可能成為莫逆之交。

有一次我在珠海拱北關遇到一位陳先生，相談之下，他想投資餐廳，乃誠意建議來我們鎮上考察設點，不出數日，果然應邀來到，我開車接待，參觀我的工廠後，考察鎮上鬧區，告訴他此地風土人情、租金及投資申請方式等，晚上難免邀一些台商朋友到KTV唱歌，午夜十二點結束，各自打道回府，他居然把小姐帶出場，到了為他預定的酒店，登記身份並付押金時，他把我拉到一邊，說沒帶多少錢，向我借2000元，我立刻回應你總有美金、港幣或台幣吧？跟我換好了！他說忘記帶了！這時我恍然大悟，遇見久聞的台流了，吃喝玩樂又借錢，專門利用台灣人在大陸互相協助之善心。我只好告訴他口袋中只有800元，叫小姐回去吧！500元付房費，300元明天坐大巴回珠海吧！他收了八百元，我也轉身離開，事後回憶~這位台灣的陳先生淪落到這種地步，既感傷也遺憾。

第二次遇到的，也是很多台商的經歷。以往廣東台商絕大多數均往香港搭機回台，有一次登記劃位後，正準備進機場受檢，有一位操台灣口音的男士拉著行李找我，自白他的機票及皮包被扒了！沒錢買機票，希望借2000元港幣，返台後立刻歸還，見此情境，台灣人的同情心油然而

生，略為交談後，他還給了我台灣的電話，要我打回台灣確認，經撥打後，對方自稱是他兄弟，借的錢等回去後會立刻寄還給我，這時我的心防完全消失，不疑有他，就給了他2000元港幣，匆匆而別。回到台灣，第二天打了同樣電話號碼，起初沒人接，之後接的人口音已顯然不同，經說明了原委，他笑笑說他們這裡沒有這二位兄弟，這時方知受騙了！又是一椿利用台商互相協助的弱點。事後台商間閒聊居然有不少人都被騙過，而且騙術雷同，遂相互大笑，花錢消災吧。人在海外似無不被騙的。實際在各地台商協會，只要是台灣人淪落沒錢返台，台協會長們都會給錢幫助他們返台的。在大陸台商真有困難時，不論急救或救急，台商朋友們一樣會伸手幫忙的。台商朋友在大陸，還真有如兄弟感情呢！

有志氣的台商，生意失敗後，沒有淪落為台流，其中一位在臨走前晚，知道他的遭遇，我與另外一位台商招待歡送他吃飯、唱歌，三人微醉之下同唱了一首「小丑」，這首歌是台商們在海外最喜歡的，唱出心裡怨氣，唱出心裡的無奈，三人合唱完，禁不住同聲淚下互相擁抱痛哭。三人各有感傷，客人是生意失敗，工廠垮了，無望之下回台灣，另位朋友的經營也極為不順，至於我也是不怎麼好，想起到大陸投資也不是自願的，受人設局被「騙到」大陸。台商在大陸拼鬥，遭遇的狀況形形色色，有時無奈，有時悲痛，有時擔心、受怕，能向誰傾訴？只能往肚裡吞。許多台灣朋友總以為大陸台商生活多采多姿，晚上在KTV左擁右抱，樂不思蜀。其實在大陸經營事業，面向各種狀況，管理、技術、產品、員工、資金……，開門七件事，柴米油鹽醬醋茶，樣樣不能少，日夜操勞，體力有

限，壓力不斷，常於假日歌唱宣洩，借酒消愁，請不要羨慕我們。有時你看到的，聽到的，也許是假象，也許是台商自我膨風， 真叫心事誰人知！

　　這位失敗朋友返台後據說，勇敢面對家人、親戚及債主，東山再起，拼過十年，他的事業重新站了起來，在長江流域穩定發展！這種不服輸的拼搏精神，正是我們台商們立足大陸的根本，他的行為值得我們敬佩與學習的。

第二十四篇、販毒製毒的台商

　　早年有位張君奉令到廣東設廠，被公司聘為機械廠的總經理，高薪又是充分授權；起初工作相當努力，工廠生意也不錯，很快有了利潤，業務做到全中國，跟地方官員的關係也非常融洽，經常為了拉攏官員建立良好關係，星期六日總會去KTV唱歌喝酒，並邀請鎮上台商同樂；久而久之，無形中成為我們這一群台商領頭人，有事找他跟地方官員哈拉哈拉，都能應允，做事也算公正，鎮上有什麼活動，難免拉我們一起參與，譬如支助小學、中學的活動捐款，籃球比賽，乒乓球比賽，扶貧捐款，修橋捐款等等，我們捐款他代表，也算是公德一件；地方官員常借重他，與台商們配合良好，聲望節節上升，十年中儼然德高望重，與台商們相安無事。不知何時，他被公司辭退了！不再是機械廠的老總，依據他公司的台幹傳出，個人交際開支過多，業務沒有相對的成長，管理時間逐月消減，無緣無故謾罵員工台幹，最後管理上出了問題，被股東檢舉，因而辭退！他分了一部份錢，與地方某官員的親戚合夥經營台灣進口之地毯，他太太工作的台灣地毯公司，經其要求地毯公司老闆同意，地毯賣出去才收錢，以非常優惠的條件，希望他能推動大陸市場。張君開始徵選業務員時，迷上了一名女大學生，長得也不怎樣，據知她喜歡亂出主意，影響他原有思維，初初一年生意入不敷出，虧了！他太太陪同老闆前來了解狀況，並指導他如何營運。原來受聘機械廠時，開支花費不需別人批准，缺錢就向台灣公司伸手，並不需擔心資金問題，習慣了這種大手筆做法，自己當了老闆後，已經無法節省，所謂由儉入奢易，由奢入儉難。地毯公司因離我公司近，有空會去關心看

看，偶爾請他吃頓飯，打個小牌，他太太及老闆來廣州也介紹我認識，後因他的「二奶」傳話添油加醋，張君有些誤會，親自來廠質問，交談後，顯然是二奶製造的謊言，雖然我們二人沒起衝突，我不再去他工廠，避免節外生枝，影響我們感情。

　　有一天他太太哭喪著臉找我，她說在這裡只認識我，想訴訴苦，原來張君打了她，應該是二奶做了陷阱，挑撥離間。張太太來了大陸幾次，第六感覺得這女大學生與張君關係曖昧。夫妻倆因某些原因口角而爭吵，張君一氣之下打了太太，他老闆當場勸解，張君說這是我家務事，輪不到你管，老闆說我帶她來參訪業務，他身分是我員工，你不可以打她，這一下惹惱了張君，居然脫口說：你跟我太太有染；原來只是業務及家庭屁事，這下子可好，雙方互揭瘡疤，互相指責，這位老闆說不可理喻，她是我太太的好朋友怎能亂說，結論是老闆不再支持他，迅速把張太太帶回台灣。唉！家務事！尤其是劈腿包二奶，這事能有結果嗎？張君生意不好，耳根又軟，聽信二奶讒言，怎能清醒面對事實，凡事宜解不宜結，這一吵，他的貨源也斷了！生意更難做！更難維持！只有借酒消愁，在KTV唱歌喝酒借酒裝瘋，摔酒杯罵服務生，甚至打破電視機，KTV老闆因他招呼過不少生意，也就不了了之。又過了幾個月，有天傳出工廠被大批武警查封，帶走三位台灣人，才知道張君在走頭無路下，挺而走險，被一位阿甘販毒者唆使他在工廠裡生產白粉毒品，被抓時有十幾公斤，第三位台商真倒楣前天才到工廠拜訪他也一併被捕入獄，這事非同小可，阿甘早已在賣毒品，而且賺了不少錢，買了房子，錢好賺手頭也寬了，經常KTV吃飯請客，我也曾被

邀當時我覺得很奇怪，阿甘原是苦哈哈的人，經常向別人借錢，何時變得這麼大方了！後來聽說是賣毒品，從此後就不再接受邀請，道不同不相為謀，我們都是正規做生意，既然知道了還是保持距離吧！但有二位台商，礙於老鄉不便拒絕，甚至替他開車送貨，替他保管錢，事發後受到牽連，被帶進公安詢問調查，坦白後將保管的錢，全數吐出，人被關了數天，經嚴厲告誡後，網開一面，無罪釋放。販毒原來屬於國際刑警範圍，中國早已加入國際刑警組織，該組織早已跟蹤阿甘，只是不打草驚蛇，要捉製造廠或毒品來源。一干人等被捉，我們完全不知道，等到張太太親自來找我，拜託我打聽先生下落，並希望能見丈夫一面。經聯繫我們台商協會的會長，建議派代表去了解，沒想到會長一口拒絕，說這種毒品事，最好不要管，免得受到公安懷疑及牽連。我左右為難，考慮許久後，再打給地方公安好朋友，也說無能為力，那是國際公安組織，他們接觸不到，也不認識。想想我一向清白，張太太前來求救！她也說在這裡只認識我，是可以相信的台灣人，我不能以一句話搪塞！不管嗎？於是我毅然決然開始試著協助，她說有人告訴可以花500萬人民幣保證張君可以釋放，我知道又是有人不顧別人死活，賺這不義之財，我告訴她這是國際刑警組織專門打擊販毒事，聽說之事不能相信，況且她沒有錢就是有一些也要作長期養家活口的打算，因為這種事只有二種結果，死刑或無期徒刑，只能在這兩點去想辦法。我建議第一要請律師，並且請二位，聽不同意見，當時律師費不高。第二把張君在鎮上的帶頭行善協助建設事蹟提出來。第三因他是國民黨黨員，拜託家鄉的議員及立委，並提出他的黨員事蹟為他求情。她急著回台灣趕辦，我也試著找了企業辦的主管聯絡些校長、鎮長寫了

些過去的事實並附上求情函。販毒主導人應該是阿甘，但是律師說在法院一審時，阿甘把責任推給張君，說是兩人合作生產的！他們在被審問時，當然是互咬，平時有吃有喝的哥兒們，重義氣，勾肩搭背，似乎比親兄弟還好，真到生命臨危時，誰還管得了誰？撤東撤西像溺水者為了求活見物就抓，爭取那最後一口氣，人性啊！能怪誰？只能怪當時為貪心錢財毫不考慮後果，自己決定事啊！

　　經過一審二審，除了第三位確是不知情，只是到好朋友工廠一遊，沒想到也惹到池魚之殃！關了數月，無罪釋放外，其他二位均被判死刑，張太太聞訊後傷心欲絕。之後好像一年多時間浪費了！過了月餘消息傳來阿甘維持死刑，張君居然改判無期徒刑，事後律師才說，法律上死刑案全部資料一定要報給北京中央機關中院，經過最後一些程序，居然因為看到兩岸對於張君求情資料就改判了死罪，總算留下一條生命，但是死罪可免，活罪難逃，得關22年如果獄中表現良好，22年後經審查，可以釋放，但表現不好，會繼續關。張太太打電話給我時，喜極掉下眼淚，向我致謝，並說判刑後，家人只能再探監一次，以後就轉到另外監獄服刑，只有書信可以交談了！她邀請我們三人一起探監，當日共有三位其中有協助主管，到了廣州某監獄，辦了手續，走進會客室中有數張桌子每張可坐4~8人。只聽一聲令下，犯人在會客室外場地集合，再一聲蹲下！犯人們一個個動作蹲下，由獄警解開他們的手銬或腳鐐，再由主管精神訓話，又一聲起立！魚貫進入會客室，各尋自己親友相迎坐下，張君又瘦又黑，精神倒是很好，面露感激之情，話不多，只有謝謝，張太太一再叮嚀此去千萬要忍耐，不可以耍性格、莫發脾氣，否則要關一

輩子，時間有限我們二人沒多說，讓他們夫妻多敘些家務事。十五分鐘後，監獄準備了午餐，讓犯人與親友們同聚共餐，菜飯簡單，也算表現出獄方的體貼與人情味，這也許是我們一起用的最後一餐，22年，多長多久的時光，大家還能再見面嗎？只默祝張君能順利服滿刑期，能與太太再度重逢共渡餘生！所以台商這種挺而走險，還是小心為是，我曾問張太太，張君在大陸得意之時，跋扈不可一世，在台灣是怎樣的人？她說我們有二個女兒，父親很顧家每天帶了便當騎摩托車到桃園機械廠工作，沒加班就下班回家協助照料家務，是一位很單純的早八晚五上班族，萬沒想到調大陸工作後，收入增加，獨攬大權，收入多，無拘無束的生活，腐蝕了人心，一步錯步步錯，害了自己，也害了家庭，你說台商張君在台灣安份守己，落到大陸經商，個性全變了，是環境造成的？ 還是個人的因素呢？ 真值得台灣學術界社會系或心理學系去實地研究研究我們台商內心的世界。22年的囹圄生活，等同終身，何其辛苦？又何其難熬？願台商們以此殷鑑，千萬不可以身試法！

第二十五篇、台商風韻事

　　我認識一位台商，姓李，台中地區人，人品不錯，忠厚老實，長得比較魁梧，原來在一家不銹鋼製造廠做業務經理，成績不錯。工廠老闆不想做了，想租出去，他只好另謀高就，慎重思考一段時間後，乾脆自行租地設廠，這投資算大！他跟老闆買了舊機器，安裝不久就開工，起初生意還不錯，原有老客戶，再加開發的新客戶，生意一下子興隆起來，訂單源源不斷，幹了七八年，當然競爭也開始了！難做了！目前也正考慮做與不做中徘徊不定，生意好景不常，真該把握時機，絕不能含糊。該轉型就得轉，但年齡已老的台商，誰還有衝勁？

　　我要替他寫的是有趣而奇特的遭遇，尤其是女人事，與事業略有相關。他在老闆工廠打工時，先認識一位招聘進來的大學生，跟他學習做業務，人聰明，長得不錯，於是因工作上便利，處久生情，相愛得很，過了二、三年，她想到國外繼續深造，但缺錢缺機票，李君有了感情，義不容辭，給了所有費用，支持她出國，經過二年英國大學深造，讀完碩士學位，回到小鎮，自行開了家貿易公司，生意興旺，賺了不少錢，買了房、買了車，比李君更有錢，更多不動產。她不但沒有忘記李君對她的幫忙，更在李君工廠週轉金有困難時，不斷現金支持，在資金週轉上沒有後顧之憂，當然他們很自然又同居在一起。

　　這樣過了幾年，她另結識了韓國老闆，因為經常訂貨下單，在資金上也協助她，相處久了，也發生男女關係，這可是「劈腿的女人」，但李君知道後，可不願如此

被擺佈，自然另尋他途，認識從外省剛來的妹妹，在KTV做「公主」，李君為了追求她，號召台灣人訂房，唱歌、喝酒、捧場，兩人有緣也很快租房同居了！本來兩對各自生活也相安無事，「好像天公不作美」，月下老人喜歡作弄人」，做貿易的女生不知為啥！為愛？為情？還是喜歡李君，也有可能跟韓國男友得不到床上的滿足，也就難免藕斷絲連，最糟糕的事情發生了，她懷孕了，肚子隆起，當然韓國男友太高興了，兩人一商量，早早安排去美國生產，做不了美國人，也要做位美國人的爸媽！

過了一年他們回來了！在父母愛護呵護下，孩子逐日長大，聰明伶俐。孩子的故事讓新女友知道後，難免有不同立場，不同想法，也覺得怪不是味道，刺激之下，新女友也要為李君生一個孩子，李君不同意，她說我老了靠誰？你走了我靠誰？這種情況李君也只好勉強答應了！不久她也懷孕了！這期間，韓國夫妻也出了問題，那孩子大了，面貌也起了變化？男友懷疑心漸起，怎麼不像我呢？不管怎樣，像媽之外，也要有三分三像我，韓國人也不是省油燈，拿了孩子些東西去醫院鑑定親子關係，結果醫院證明是Negative，韓國人非常生氣，吵也吵不過大陸太太，韓國人愛面子，有苦說不出，自己戴了綠帽能怪誰！男人發生這種事，誰會自己去宣揚，只好吃暗虧，辦了手續離了婚，房子是自己出錢買的，名字可是太太的，要不回了！孩子是自己養的，不是自己血緣，能要孩子嗎？最後只好忍痛放棄，簽了字，認了！真是應驗了，賠了夫人又折兵！！

當然孩子究竟是誰的呢？還用說嗎！李君可樂了！多個美國孩子，真正能做美國人的爸爸！兩邊的孩子，隨

著歲月各自長大，孩子大了，父母總是會帶孩子出遊、逛超市，但兩家距離還不到三公里，李君似乎毫無顧忌，如常作息，不久，那位美國人的媽媽看到了！確認了！火大了！怎辦呢！吵嘛？啥身份也沒有，怎吵？這事可把喝過洋水，獲得碩士學位、又是美國人的媽媽，弄得前不著店，後不著村，苦惱！能幹啥！對韓國人她有一套，遇到這事可沒折，要怪也要怪自己，佛說這種事可是真正的現實報吧！未來會怎樣呢？還會有更有趣事發生嗎？旁觀者也無法預測！只看當事人未來的作為了！！

第二十六篇、不忍則亂的群毆

這是件15年前的事故，是喝了酒突發鬧事。有位台商張君為女友在熱鬧的菜市場附近開了家店面，賣衣服又賣茶葉，店面前有闊廣的人行道，開幕當晚，邀請十幾位台灣朋友喝酒打牌。隔鄰是家夜市餐廳，在人行道擺滿了十幾桌，類似大牌檔（台灣露天小吃攤）。那天天氣悶熱，早有部分客人在喝酒吃飯。台商們因店內坐不下，人多冷氣又不足，遂移到戶外，大部分台商都攜伴參加，個個都是亮妹，這麼多的亮女同時在露天出現，當然會引起路人及鄰桌用餐客人多看幾眼，而且大陸人喜歡瞪眼看人，幾次瞄來瞄去，讓有些年輕氣盛的台幹們看了不順眼。在台灣瞪著眼看人，易遭不滿而生爭執、毆鬥，到了大陸更不能容忍有人瞪著眼看自己的女友，互瞄之下，一位台幹王君不服氣，走到鄰座對著三位村民質問，看什麼！村民未吭聲，顯得有點緊張，這下這位王君酒已喝到半醉，天氣熱人浮躁；

X你娘看什麼！

二位村民意識到罵他們站了起來，王君酒酣之下又在女友面前，豈能示弱，首先發難，拿起塑膠椅子砸了過去，三位村民也拿起酒瓶砸過來，雙方對陣，王君一人打三個，臺灣人都當過兵，總是練過軍中功夫，三人不是對手，逃離現場，王君雖然手臉略有皮傷，得意的返回，朋友們都為他鼓掌，在女友面前亂有面子。過不了多久，一群村民騎著摩托車載個三四個，呼嘯而來，原來逃離的村民不服，搬來了救兵，一上場廣東活又罵又砸，屋外的台灣人三四位也真不怕死，勇敢的拿起酒瓶往前衝，雙方開

始對打，這可是打群架，馬路上行人、車輛紛紛停下來看熱鬧，這種真實的全武行，可是比電影情節更精彩，人群圍觀，還有鼓掌叫好的；雙方打得起勁，村民雖多，但群龍無首，看對手後退，他們就前進，對手向前，他們就退後，一波來一波去，店內的朋友也聞聲衝出，增加台幹們的陣勢，毫不考慮參予了這場衝突。

村民越聚越多，人頭鑽動，幾乎有上百人，這邊不到十名台商台幹，面對百人毫無畏懼，雙方對陣，仍然一來一往，手邊能動的酒瓶、椅子、盤子、杯子、石頭、磚塊，滿天飛舞，部分村民仗著人多，開始砸玻璃窗及台商停放在路邊的車輛；公安人員及時趕到，十多位公安只能攔在双方中間，警笛聲、咆嘯聲及群眾叫喊聲，一片嘈雜；公安提出警告，拿出警棍，要求双方冷靜，這時王君不知何時自家中拿出散彈獵槍，似乎是有些發狂，舉起槍上了膛向前方瞄準，村民看見槍支趕緊喊著有槍往回退縮，說時遲那時快，一位公安一個箭步抱著王君，扭在一起，總算化險為夷，其他公安也一窩蜂把槍拿走，將他上了手銬帶走，雙邊人馬見狀開始冷靜下來，台商們也發覺不對勁，互相拉動退到後方，這時公安人數增加了，武警也荷槍到了，地方鎮長、幹部也分別趕到，要求台商們冷靜，坐下，開始問話：

怎麼回事？怎麼會這樣？

同時公安也捉了十幾位村民，並驅趕群眾；村長也來了，要求公安放人，公安領導回說明天再說，對方受傷的由救護車送醫院救治，台商們也有幾位受傷分別自行去醫院療傷，鎮長及領導要求雙方代表坐下，談一下，瞭解衝突的起因及過程，真所謂不必要、不應該發生的爭執，

居然在我們小鎮發生了。夜深了,領導們要求雙方各自返回,並答應肇事人暫時在公安拘留所住一晚,明天作了筆錄放人。一場危機,在公安、武警及時到達下化解了;人群散了!總算冷靜下來,安靜了,燈也暗了,只剩店員稀稀落落清理劫後的「戰場」。

第二天公安統計村民有二、三十位受輕傷,沒有重傷,台商們有七、八位輕傷,擦了藥並無大礙,倒是台商座車有四輛窗玻璃被砸得稀爛,有一輛差一點被引火燃燒,新開店面門窗全毀了!弄成這麼「熱鬧」也算開門大吉吧?姑且稱之「碎碎平安」。公安認為雙方都有損傷,提出互不賠償的結論,雙方只能同意結案。張君為店舖開幕請客,卻損失最大,氣憤不服,下午找我們三位年紀較大的台商座談,要將互毆事件提供台灣媒體,大幅報導這事,二位台商不吭聲,當時我認為不妥,也不能,明確說明我們到大陸來的目的是什麼?是做生意呀!是來賺錢的!不是來打架吧!古諺:強龍不壓地頭蛇,何必在鎮上稱能!況且是我們兄弟先挑釁、先動手,鬧也鬧了,打也打了,實在不值得把這件事再行擴大,尤其弄上兩岸政治媒體,你無法預料會發生什麼後果,到時如何解決?這後遺症太大,也不是什麼好事,退一步海闊天空,忍了吧!花錢消災嘛,吃些虧,認了吧!更何況,我們台商處在兩岸之間,處事原則,似乎是宜解不宜釁,較能逢凶化吉!

二位朋友也同意我的觀點,先後都勸張君,息事寧人吧!

事件就此落幕!願雙方都能隨著時間,漸漸地在記憶中遺忘吧!

第二十七篇、祝福一位癌末台商

　　某日出差在武漢市某家飯店與台商陳君邂逅，也許是有緣，二個互不相識的人，竟在KTV大廳中互吐心事；當時陳君已是癌症末期，仍非常自在的在中國各地雲遊，視死無覩的精神，讓我這輩子忘不了。

　　那是12年前的事，去武漢，是想開展我獲得兩岸專利的床墊市場。武漢是中國的地理中心，交通如網，包括航空、水運、鐵路、公路，四通八達。推廣業務，調查市場是首要任務，於是在四星級舊式酒店訂了五天房，白天分別拜訪台商會長及台協會長，並到武漢市各地市場、賣場四處走動了解。晚上累了！為了安全，就在飯店內餐廳，簡單用餐，飯後，電視不好看，也沒有攜帶筆記型電腦，況且更沒有網路線，只好隨便在飯店內走走；沒有沐足及按摩，只有KTV，於是坐了電梯到了KTV樓層，美麗高挑的「咨客」（接待員）笑臉相迎，問了幾位客人，只是一人，請我到大廳落座，說明最低消費額50元，想想不貴，就任她帶入，大廳面積最少可擺20桌，廳內人很少，一眼望去只有一桌二人，她問我喝哪種酒，要小姐作陪嗎？細問下，坐檯費200元，小姐免了，只點了青島啤酒6罐，幾碟小菜，唱歌要付費，每首一元。正喝著啤酒，那頭傳來了歌聲，竟是台語，聽完二首，我鼓掌叫好，他很有禮貌向我點頭道謝。隨後我走過去向他敬酒，順便用台語向他問好！坐！坐！果然是台灣人。陳君在台灣的工廠是翻砂，專門生產壓縮機的外殼，提供中興等工廠，生意興隆。之後到福建，投資相同產業，生意過得去，他出身黑手，讀書不多，從學徒做起；翻砂本來就是又繁重又熱

又辛苦的行業，學徒10年，師傅因病過世，就開始自行當老闆，他一輩子只知忙裡忙外，從不休息，連星期例假也在工廠，從沒出過國，首次出國就到了福建。創業維艱，一切抵定後，將建廠交給親戚管理。於是海峽兩岸飛來飛去，如此這般，忙了數年。我也將自己經營項目及怎麼來大陸及目前狀況毫無隱瞞告訴他，兩人有緣，無所不談，一面唱歌一面聊，唱的全是台語歌曲，他唱了一首江蕙的「家後」真好聽！唱完了，長嘆了一聲，眼中泛起淚光，沉默了幾分鐘，我也不想唱了，反問他怎麼了，生意做得那麼大那麼多，也賺了很多錢，子女也大了，接了班，有何煩惱？

他慢慢地拿出手帕，擦了下眼淚，然後拿出200元，給了坐檯小姐，揮揮手請她離開。老弟！實在不好意思，不瞞你說，去年身體檢查得了肝癌，經檢驗數次，證實是肝癌末期，醫生說只有一年半壽命；所以這一年來，他完全不做事，只是遊山玩水，太太孩子只能認同，任由他四處雲遊，每次出遊，帶上二萬美金，用完回台灣，有體力再行出門，他說我能去哪裡玩？國外語言不通，興趣不大，參加旅遊團太趕不自由，選擇中國各地可以自行暢遊，至少語言相通，不怕迷路，每到一個地方認識一位小姐，協助帶路，有伴好說話，旅行中也增加遊興，每位小姐都知道他太太的手機電話，如有任何狀況，小姐會自動用手機打給太太，告訴他們在那裡，以便趕來處理身後事或緊急狀況！說完了！又靜下來，沉默片刻，神色平靜多了，好像心裡話，吐完為快。我說吉人自有天相！危機也是轉機！又說中國有許多草藥秘方，你考慮過嗎？沒有！我有一位學生的父親也是癌症，這孝子每個月就跑到大陸

某地方,取得偏方中藥,但是結果如何不知道!我回去打聽一下(後來回台打聽,結果中藥沒能救活他父親),他說老弟謝謝你的關心,我看得很開,該走就要走,只是不願意躺在床上走,一輩子勞碌命,從未停息過,要我在家等死,我是千萬個不願,要在有生之年,多看看多跑跑,走了也不遺憾!人就是如此,什麼事情看淡了,夫妻!金錢!事業!子女!朋友!還有什麼不能捨的?

夜深了,各自回房,分手時緊握雙手,互道珍重!他沒留下電話,我給了他名片。那晚分手後,再沒見過他!也沒收到他任何音訊。自己工作忙,也忘了去追問這事,也沒有刻意去台北找他,想想我們只是一面之緣,但他卻吐露了他的真情!願意告訴一個不認識的人。我只是害怕再見面會勾起他的痛苦,也就把這事當作天空的雲煙,隨風飄走。那一晚,他的臉龐,他的淚水,他的言語,他的歌聲,很難在我腦海中消失。生老病死,是每個人的宿命,也是每個人必經的道路。這個世界,我們台商都是過客,陳君你只是其中之一而已,珍貴的是,他放得很開,非常豁達。如此安排自己最後的人生,也算是勇者!祝福你陳君,不論現在你在何處!

第二十八篇、台商間的傾軋

　　這個故事也發生在18年前左右，有位彭君，年紀輕，在台灣為別人做業務，成績不理想；很早跑到大陸結識了一些地方官員，希望將台灣的高級鋁門窗引進深圳。當時深圳正大興土木，建設如火如荼，需要各種高級建築材料。返台後，即洽請一家垃圾車製造廠家出資1000萬元台幣，轉往深圳籌設加工廠，聘請一位有經營鋁門窗經驗的張先生擔任總經理，彭君自任董事長；申請正式執照後，招兵買馬推動建廠。業務上最需要的是人脈關係，朋友曾介紹我認識了土地開發局副局長，同時也是位建築師，交談之下，我們一見如故，因為這層因緣，我主動請他支持彭君，他看我面子，一口答應。想在深圳承租土地，開發公司要購地徵地，難免要向土地開發局申請，副局長只要關照一句話，每幢大樓鋁門窗就可由這家台商提供，況且台灣鋁門窗質量又好，價格合理，很快獲得建商認可，簽約成交不斷。這種機會真是千載難逢，彭君應該好好把握，專心經營。業務成長快速，週轉金開始捉襟見肘。彭君工廠所有鋁材全是台灣一家梅花製造廠供貨，現金週轉對於公司的營運非常重要，在大陸是不可能向銀行貸款的，民間更難。原來出資的機械廠（專營垃圾壓縮車製造）認為投資已那麼多，沒見回收前，不願再行增資。彭君只好四處借貸，最後找到我，當時正好資金充裕，在他再三要求下答應提供了二筆貨款，總算維持了他工廠的生產線；但資金週轉仍然遠遠不及，一般日常開支、租金、工資等等，仍是寅吃卯糧。這時候副局長的女兒大學剛畢業，在公司當秘書，彭君是單身，如果與他女兒能談娶婚嫁不是所有問題便能解決嗎？可惜緣分不足，雙方無意願。工作一年後他女兒覺得公司沒啥好學習，於是辭職出國深造，

彭君失去生平最佳機會，又在業務上、管理上皆不十分到位，與張總經理的合作，常常南轅北轍，加上資金的壓力，使得他灰心不已，開始出讓工廠公司！新竹有位台商陳董，在東北瀋陽開日光燈廠，在台灣經過數次談判，應允收購彭君的深圳公司，最後與機械廠王總簽下公司買賣契約，似乎雙方都滿意。

合約簽了，付了第一期款後，其餘款項，又不知何故開始延期。機械廠王總心急，經過幾次電話交談沒有結果，王總會同二三人強行進入深圳公司拿回圖章及證件，陳董及張總不服，以搶劫案報警，公安來了，雙方各執一詞，深圳公安認係台商內部股東糾紛，經濟事件備案存檔。機械廠王總只好轉向新竹地方法院向陳董提出違約詐欺告訴；其間有股東余君非常熱心為大家打抱不平，不斷向法院提出各種告訴，有數次彭君、本人、張總出庭作證。深圳工廠因未再投入資金，業務也無法延續，沒人管理，就完全停頓了！於是張總拆了些機械設備，轉往青島重新設廠。因為不斷的訴訟，官司不斷延期，法院也迄無確定的判決；我原來是債權人，但是債務人是誰未定，我的欠款也就無從著落。他們官司幾乎打了十幾種，經歷了七八年，余君認為陳董出爾反爾不講信用，他買深圳廠不是為了經營，實際是藉此取得進口材料權，方便他東北瀋陽的日光燈工廠進口材料，陳董城府極深，害得一家很有前途的台商鋁門窗製造廠，因為台灣人的私心，變得複雜又無解，也沒有人得到好處。官司纏訟不已，台灣新竹法院因為事關大陸工廠，涉及的文件證明及證物不易取得，難以判決。這就是台商自私自利，造成不能合作，兩敗俱傷的典型案例，最後是不了了之。這些台商們最後經過十年，相關人下落如何？我再說給大家聽聽，彭君

是始作俑者，不知是內心不平，或是歉疚，與所有人未再聯繫，下落不明，打電話至台中，只有他家人接電話，也不敢說出在何處，據說是在大陸某地繼續打拼。張總是騎牆者，挑撥兩邊是非，卻是鶴蚌相爭、漁翁得利者；他轉到青島經營鋁門窗，認為避開了糾紛，不到二年因為喝酒中風，急救不及，在青島市過世。這是天理現實果報嗎？我不敢臆測！這件事，究竟他得了多少好處，沒人知道，成者是他，敗者也是他！他從開始沒有出過資金，拿的是一份高薪，賺錢他能分紅利，結果是別人虧了錢，他一無損失。張總在訴訟中，幾次傳他出證，事後他有些後悔，站在法律公平上他不知如何自圓其說，偏偏那一邊都不是人，別人背後都說他是最會挑撥離間的，所以人應具有善良之心，雖然沒有得利，心安理得才是最好。青島鋁門窗廠後由他太太、孩子繼續經營，還不錯，算是站住腳穩定發展吧！

陳董因為被訴訟多次，身體有些疾病，瀋陽日光燈廠因資金及進出口問題，經營不下去了，聽說不得已，賣掉了工廠！余君擔任公職，因為受到陳董密告，沒機會升任環保局局長，轉任其他單位行政秘書，為了打抱不平出一口氣，在法院訴訟中不斷與陳董纏鬥，最近退休，賦閒在家；也許是太累了！自動停止了訴訟。他的文筆及毅力都是我敬佩的，是這一群人中最有義氣的最執著的。機械廠內部股東也有了意見，股東分開各自經營；廠長轉往台中設廠，腳踏實地，努力經營，也算頗有成就。王董因疏於連絡，也不知去向如何？至於我，仍是繼續經營我自己的工廠，借出的三百多萬元，這輩子大概難以取回，我想得開，財去人安吧！

第二十九篇、不知法怎能混

　　陶瓷工廠座落我廠隔壁，原來是由一對來自桃園夫婦的投資，先生鄭氏年紀較大，早年在鎮上買下10畝地，建了三千多平方米廠房，產製的陶瓷藝術品，經由多家台灣貿易商代理外銷，祥富只產不銷，維持良好的品質，年年增產。十年好景之後，成本也逐年升高，在貿易商不斷殺價下，又無法提高產品價格；為了避免工廠空轉，既使不賺錢也只好接單，因此經濟狀況每況愈下。為了節省開支，減輕人力，轉由鄭太太主持內部管理，鄭先生在外奔波；時逢本地官員看中祥富工廠面臨道路之土地，要求收購建房，鄭君以工廠既不賺錢，不如應允賣掉一部份土地，入袋為安。有位曾在他台灣工廠擔任過會計的何小姐，嫁了位有錢的先生，在台灣開貿易公司也曾向祥富公司下單訂貨，知悉鄭氏夫婦的困境，主動出面，願為其解困，經過協調談判，買下一半以上之股權。何小姐開始全權負責帳目及付款等一切財務工作，鄭太太只當工廠的生產管理，業務由何小姐總負責，鄭先生沒事做，與其他台商合夥開了家機械廠。如此經營三年，工廠仍無起色；實際是以台灣何小姐自己的貿易公司接單，祥富出貨，工廠賺的只是微薄利潤，貿易公司才是真正賺取大把利益。工廠在艱困下支撐了數年，有次真的付不出工資，債主又頻頻向鄭太太要債，急的是鄭太太，何小姐只顧貿易公司，連該給工廠的錢也沒給，工廠只有支出沒有收入，如何能維持？何小姐稱產品質量不過關，貨出到國外，訂貨的人不給錢，也就無錢匯到工廠，這樣的股東怎麼合作？照理大股東賺錢分的多，虧錢也應該照比率分擔，至少工廠急用的錢，一定要到位，否則工人工資怎辦？電費、

瓦斯費、水費、原料費，一切開銷怎辦？工廠實際積欠的債務不到人民幣80萬元，何小姐只拿出一些錢，根本不能滿足原料債主的要求，有位大債主火大了！打電話給何小姐，撂下狠話說：你不給，明天我就斷你一隻手！何小姐嚇得連夜趕回台灣，從此只用電話連絡，不敢再踏進大陸一步。何小姐有錢卻不出面，工廠問題無法解決，鄭太太看到何小姐如此作為，心灰意冷，於是攜帶細軟，也一走了之，債主們找不到負責人，一狀告到地方政府及法院，鎮上企業辦，了解狀況後，墊出工資遣散員工，留了二名幹部駐守工廠；廠內稍有值錢的東西早已被債權人搬走一空。不久有員工告訴我，有人拆鐵窗、鐵門、水管、電線，原來是二名員工怕拿不到工資，拆了當廢鐵賣；經我向企業辦報告，查證屬實，領導要求我廠派人進駐，協助廠內安全，企業辦也正式發給代行管理的函件。於是我派了十名員工進駐，重新接電（來自我廠），修好門，修好窗。經我瞭解祥富狀況，外欠只有80萬不到，但工廠及土地現值300萬以上，根本不需要擔心，除了債款還有不動產及應收帳款，在帳面上是資產大於負債。二位股東似乎沒能好好了解大陸法律，也不請律師諮詢，膽小不敢正面去面對債權人。我分別聯絡了何小姐及鄭先生，何小姐想賣掉還債，鄭先生自認無權力說話，也不願意參予此事，夫婦倆很痛心，一生心血被何小姐弄成這般地步，鄭太太跑回家鄉擺了小吃攤維持生活，鄭先生與其他台商合夥開的機械廠已有幾年，後來機械廠也發生變故，鄭先生最後也是一文不剩，回到台灣養老。之前為了協助他們，找了些朋友，看能不能購買，好不容易有位台商答應，以150萬元現金買斷，還債80萬外尚有70萬元可以回收。於是我回台北跟何小姐商量，告訴她如果沒人買，等地方法院拍賣，

不但一毛錢收不回，仍然有債務在身。這點經律師已打聽清楚，法院公告拍賣跟有些投標商家都有相當關係，一定是圍標用最低價中標，按比例付出告狀人的債務，真正得到好處是中標人及法院相關人等，但何小姐想把投資錢收回，竟然要求200萬元，結果這筆生意當然談不成，別人答應150萬元，究竟這土地廠房是有債務問題，不願意高價買有問題的不動產。如此又拖了一年，法院也正式公告拍賣，當然我們只是旁觀者，不可能參加這有利益目標的投標，更不可能去破壞這有黑幕的利益團隊，法律上地主是可以參予投標的，也可以委託律師代辦，她有沒收到法院通知？只有她本人知道，她膽子小不敢來，等同放棄，法院正式開標完成拍賣。

　　等到標定後，法院也派人通知我們搬走，我們也告訴法院要拆走我們以前所裝的設備，應該要付我們管理費，法院不置可否，顯有包庇得標人之嫌，我們拆完自己東西順便把這些廢鐵賣掉，沒想到新的地主居然以照相存證，到法院告我們員工及公司偷竊盜賣，法院來函通知等立案開庭，我們請律師寫狀答辯，這事我們真叫賠了夫人又折兵，做好事沒好報。第一審我們公司無罪，因為我們有函在先，資料完整。判決後以為我們勝訴應該沒問題，律師說照理我們可以反告他們誣告，我說算了，多一事不如少一事，得饒人處且饒人。沒想到過了一星期，地主居然直接再告我們員工偷竊，公安依法到廠裡搜證及筆錄，我火大了！地主賺了那麼多錢，幹了違法事，還不放過拿薪水的員工，其人性可惡！於是我親自去見了公安所所長，跟他交談一小時，麻煩他轉告地主，不要得理不饒人，自己得了那麼多利益，還不放過打工仔，我說只要他敢起訴他

們，我公司一定反告他賄絡法院，讓市價300多萬元的不動產，竟然以不到100萬元的價格得標，並且再以另案告其誣告，二案同時起訴，而且我公司也一定告到底，讓他將好處吐出來！兩案均涉刑事案，新地主有可能被關入監獄。所長是懂法律也瞭解案情的嚴重性，當然會慎重的轉告地主，果然撤回了告訴。唉！這就是在大陸要懂法律，把嚴重性及其弱點有效轉達，地主心裡本來有鬼，怎麼還敢如此囂張傲慢！視法律於無物？最可惜的是何小姐及鄭氏夫婦，不去了解大陸法律，也不諮詢律師，只是一昧閃躲，結果是白白丟失了一座大好的心血工廠，這些台商真失策！綜觀本案始末，台商在大陸，應對大陸法律，多所涉獵，否則也應請教律師。祥富前後二位主人，鄭氏夫婦最可惜，十餘年心血付之東流；何小姐經營事業，未知其是居心何在？或是跟自己的錢過不去？也失去了大好江山。

第三十篇、台商看香港回歸

1997年香港回歸那天，大家全在電視上看這偉大的一日！英國「米」字旗徐徐下降，中國五星旗及香港旗冉冉升起，多少人看到這歷史的一幕，多少中國人為這一刻感動掉下眼淚！割讓香港是中華民族的恥辱，是民族忘不了的沉痛，百年後回歸總算是民族驕傲。

當年香港人看回歸有許多不同性情，簡單分析歸納如下：

①苦笑（他們從大陸逃到香港定居多年，現在又回歸了）。

②惶恐（那些後段逃港居民，回想到文革的苦難，擔心還會再來？）

③好笑（多少賣房變現移民加拿大、美國、英國……，等著看回歸後的鬧劇。）

④高興（有民族愛國心者，在異國管制下是殖民地，並不好受，當然希望回歸）。

⑤擔心（做小本生意，回歸後，生意會更好？回歸前當時的景氣並不好，擔心會怎樣呢？）

⑥憂心（打工的，白領的，回歸後，仍能拿高薪？仍有機會打工嗎？）

⑦興奮（早早在大陸開廠作生意，這下機會不是更多了！）

⑧期望（不論黑的白的，都一樣想，老行業還能做？公務員換了標誌，換了名稱，能安穩做到退休）香港居民最多的可能還是擔心，是好？是壞？只好等著時間去考驗、證明！

我們在大陸的台商，對於回歸心裡在想什麼？多年來對於中國政府的政策，官員的作法，都了然於心，但是香港回歸後的一國二制算是新名詞，也是台灣未來的標桿，香港會如何？將來台灣也是八九不離十？當然商人無祖國，事實告訴我們，不見得如此，尤其台商最少都讀過十二年的書，見識也廣，愛台灣的心沒變！經常往來香港的，對羅湖關那座小橋，當時我們稱它為「奈何橋」，這邊香港是繁華的國際大都市，自由自在，過了橋，前方是剛剛建立的深圳市，再往前走是一片灰暗落後；兩邊天壤之別，每過了關，心裡總是有那麼一點戚戚焉！我們很關心香港回歸會怎樣，蕭條？政治介入？衰退？人心不安？大量移民潮，房價崩盤，匯率貶低，資金外流，回歸引發了多少經濟及政治問題，一切要看北京中央政府如何處理？如何穩定局勢？台商們希望香港回歸不要變，在大陸的投資會相形有保障。如果香港不穩定，也就是大陸投資靠不住，投資絕不能再增加，不好就收，至少回到台灣還有一口飯吃，台商無法預估會如何？有的說香港慘了，沒有自由了；有的說不會啦，北京一定會做給台灣同胞看，他們是如何對待香港；還有第三種想法，管它的！又不是台灣，等它十年後，再看看香港會如何？

等我出這本書時，已經過了十七年，香港變化不大，經濟不必說，仍是暢旺，股票上漲，移民潮變成返港潮，房價漲了不少，幣值不變略升，政治也沒介入，只是總督

改成行政執行長，由議會選舉，當然行政長官可是要中國政府點頭，這點我們認為是對的，如真像台灣由全民選出，可能亂成一團。雖然有人上街抗議，大多數香港人不喜歡亂，也不喜歡台灣的政治，立法院的打鬧等等。究竟他們接受英國法制教育多年，希望平和穩定，開會發言有禮有序。這幾年為了讓香港經濟不至於過度蕭條，中國政府也開放大陸同胞到香港、澳門觀光，經濟是維持了，但同樣產生一些教育背景素質不同的衝突，希望小小糾紛不要影響雙方民族感情！因為同樣是中國人！這十七年來，就現實來說，在許多地方確實維持一國二制，香港人生活作息並無特別不同，只是會說普通話的人越來越多，到香港用普通話Shopping已無困難，人民幣升值後，匯率不斷上升，在市場上搶著要。雖然發生幾次和平上街頭抗議，也被大家所接受，這幾年來，我們台商對香港一國二制的看法算是正面的，也希望香港是東方之珠，永遠永遠屹立不搖！！

第三十一篇、昆山

　　昆山是個小鎮，名不見經傳，歸屬蘇州市管轄，靠近上海。十五年來，因為台商的紛紛進駐、設廠，尤其電子廠及相關機電工業，小鎮很快繁榮，大樓林立，台灣各行各業也分別設點淘金，好像美國西部淘金熱一樣。有一則笑話：台灣人、香港人、昆山人三人出遊，到太湖遊船，船老大在船上兼賣滷鴨蛋，正巧一陣浪頭打來，小船晃動傾斜，滾滾鴨蛋流向湖中，三位遊客好心急忙協助撈蛋，船老大哈哈大笑，忙說別急別急！只要船穩，我們太湖鴨蛋特多，無所謂！無所謂！這句話讓香港人聽得刺耳，拿出自己手機，我們香港人每人手機二三支，不值錢！隨手將手機丟進湖中，鼻中還哼了幾聲！台灣人一向輸人不輸「陣」，怎能讓他們擺譜！接著說我們台灣人沒別的，手提電腦特多，順手捧起丟入湖中，雙手一拍，笑笑！不可惜！不可惜！最後剩下這位昆山人，左思右想，什麼也沒有，在地人豈能服輸？靈機一動，抬起台灣人也往湖中一丟，唉呀！我們昆山什麼都沒有，台灣人最多，仰天哈哈大笑！

　　這笑話寓意精彩，代表昆山鎮裡台灣人真多。如果你到昆山，你會發覺跟東莞的厚街一樣，尤其是台灣知名餐飲店，幾乎全在那，只是東莞厚街蕭條了！昆山興起了！厚街都是傳統行業，鞋廠、鞋材廠、運動器材廠、製衣廠等，這些行業隨著國內成本加高，不容易找足員工，外銷因匯率提高及市場萎縮，無法再生存，不是轉型就是往東南亞國家遷移，朝廣東省外遷動的不多，於是關了許多廠，當然市面相對的不景氣。昆山大多是電腦高科技製

造業，都是台灣股票上市公司，來一家帶十家的，十五年前開始陸續進駐，由一座鳥不拉屎的鄉村，至今到處是工業加工區，市區內超高層大廈，如雨後春筍，有蓋好完工的，也有大量正在蓋的，馬路巷道是棋盤式規劃，一片榮景，外銷金額也曾突破全國第一許多年；有些電子廠十年來，賺進不少外匯及人民幣，於是某些公司轉投資建大樓，開醫院，炒地皮，甚至到其他省一二級城市裡，興建最大的酒店、超市，最高的樓層，成為當地的新地標。相形之下，廣東早來的台商，資金不足，行業落後，技術不高，管理又不良，加上其他外在因素，是無法相比。總之，昆山是一支獨秀，雖說近二年有下滑趨勢，在我們認為那只是暫時性，等國際恢復景氣，不但原有廠家需要加班，會再增加許多電子業設廠，反正半年蓋一間電子廠是司空見慣，蓋了廠很快投入生產，就爭那三年榮景，已夠成本。

在昆山某些街道，如龍江路，聚集開設了許多台灣料理店……晚上走進餐廳，你很快就看出有多少桌是台灣人，吆喝一聲，也能發現都是台商，禮貌之道，彼此一桌人敬一桌，交換名片，互相認識。我算是很少來此一遊，居然在媽祖廟餐廳，看到一位30年未見的老友黎大師，他在台灣很早做設計，聽他道來，已在大陸「混」了20年，從北京天上人間KTV的常客，到了上海，轉到昆山；每天都有酒喝，身體又健壯，打球保持體力，甚至跑過蒙古共和國談開發，可以到處雲遊，四處接設計規劃案，最後長住昆山，就是因為台灣朋友多，熱鬧！像他這號人物也算是奇特，把昆山當台北，縱橫捭闔，簡直樂不思蜀，有何不可呢！其他昆山台商或許也是這樣想？

第三十二篇、情義相挺的小三

　　這個故事也是聽說的，說故事的台商都不知其姓名，但在台商間相傳頗廣，應該不會是假的。一般臺灣人聽到小三，難免是噗哧一笑，總認為台商與小三之間僅僅是金錢及色情吧！談不到感情，早期剛到大陸投資的台商，舉目無親，有太多的事，分身乏力，難免會想從員工中選出親信，自己不在廠時，能交代一切，多一個人，監視工廠的運作，員工私底下對公司有那些反應及不滿，甚至有那些不法行為正在醞釀，期能防患於未然，如果有個親信私下報告老板，無形中能掌握廠內人員之動態。當然在管理學上似乎有些過份，好像是派情報人員監視狀況，但幾百人的工廠，請問一人或幾名台幹，怎能全面詳細知道一些事？譬如有些員工不滿伙食，但又不敢說，等到忍無可忍時，就可能爆發罷工，不吃飯也不開工，如果有一管道能及時知道員工狀況，及時改善，或儘速撫平不滿，消彌罷工於事發之前。懂管理的人會說，為何不層層建制，由建立制度管理？事實上，台幹也常被蒙蔽，陸幹真遇到事，都不敢惹事，因為弄不好，會被同鄉人或一批異鄉人排擠，甚至被暗地揍一頓，他當然不敢吭，於是小三就很自然的出現了。台商會在徵選員工時，就早早從學歷、語言、外表、背景等等觀察，等到訓練上班了，開始接近，面談多次，了解更深後，向她提出合作事項，協助管理，以當時外省女孩最多，書讀到高中，程度也相當好，人也聰明，不久就能深得老板信任重用，一般合作的對象都做得不錯，也有處久生情的，早年鄉村窮，女孩為了家計，都半願意多賺些錢，就算回去報告雙親，也大多願意接受這門關係，當然有些家庭覺得很不光彩，但是女兒遠在他

鄉，眼不見心不煩，也就不應可否的由女兒自己做主了，唯一缺點，是在廠裡會被其他員工另眼相看。雙方意願也就如此過來，唯一不能告訴不能知道的，是自己台灣的老婆，但也確實有老婆來查勤，被發現了，火大了！也只能離婚一條路，一邊太太放棄，反而讓小三很快成為正式老婆，化暗為明，可以公開協助經營管理。

有一位台商除了有自己工廠，早期為求生存增加國內業務，難免會有第二家個體戶，使用小三名義，只要開足發票繳稅，合法也合理，也會相安無事。但人難免犯錯，一時不知出了什麼錯，該個體戶負責人被抓進公安派出所，要求坦白從寬；

這位小三說：我做了啥事？

你犯了法還嘴硬，告訴我你的後台老闆是不是那位某某台灣人？

不是！這公司就是我的，有啥問題找我！

你胡說！明明是台灣人用你的名字作生意，我們都查過了！承認吧！

不是他的，你們明明知道公司執照寫的是我名字，有違法事，你告訴我，我犯什麼罪，你可以罰我！

你嘴硬！我馬上關你三天，送你去收容所管訓！還是承認吧！

不行！你們誤告，故意栽贓，我不會簽這字，你們關我啊！

　　幾經數次審問，公安得不到確切答案及自白書簽字，只好關三天，時間一到，也沒犯啥法，只好放了她，告訴她還沒完，有事還是會找她的！回到公司，台商問明狀況，看到小三瘦了一圈，身上被蚊子叮到全是紅點點，心疼之下告訴小三，下次再來找，我去承認吧！承擔一切責任！小三立刻告訴台商，你別去那種地方，你年紀大，你受不了的！我年輕可以忍受的，我可不願你受他們盤問受罪，我一人擔下去，你放心！台商聽後忍不住老淚縱橫，感到小三對他義氣凜然，一片真心，總算自己沒看錯人。這事由台商們傳出，台商們議論紛紛，結論是鼓勵這位幸運的台商，一定要想辦法將她保住，請律師為她打好官司，這位小三值得台商們的尊敬與傳頌！

第三十三篇、失敗的台商

　　我們鎮上的台商多屬於小企業，營業額最大的公司是一家做聖誕禮物工廠，每年達到一個億，他姓陳，所有產品只是加工外銷，員工最高達到1000人左右，用了這麼多勞工，地方政府對他很重視。當然有這麼高的營業額，所投入資金及付出的心力、勞力必定多，他的廠房是向一位台商租用，所以他如何做、如何成功、如何管理、如何失敗，台商們無形中很瞭解，經友人的說明我加以記錄寫出來，提供各位參考借鑑。

　　他原來在台灣是做貿易，進入大陸，覺得大陸工資低，轉做生產，利潤比台灣還高，於是毫不考慮租廠，購買設備，起用些台幹，開始招工開工，業務接單對他是絲毫沒問題，有些貿易商也願意將訂單轉給他，於是訂單很快到了忙不過來，起初他個人非常投入生產品質及加強管理，一切也順利，進原料、進加工品、安排生產、出貨，整個廠區變成一片火紅，真的是運氣一來，訂單如飛蛾撲火，經過二年，陳君賺進了大把鈔票，銀行存款由有五位數字跳到7位數字，令人忌妒。生意多了，來客也多了！貿易客有時一來，一住就是十天，等著驗貨及出貨，當然主人必定接待，貿易客在這裡的一切開消全包了！交際費常常是水漲船高。陳君白天為公事繁忙，洽公接業務，押匯、報關、船運、連絡、催工、催材料……，上千人員的吃喝拉撒睡，開門七件事都要準備齊全，反正亂中有序，也就一切ok。到了華燈初上，白天勞累，似乎一下子鬆懈了！緊接招待客人吃飯、喝酒，第二「攤」就是KTV，呼朋喚友，一群人擠在大房裡，小姐作陪，白酒、葡萄酒、

啤酒，隨客人喝，小姐們為業務，酒一開猛灌酒，台語歌一條接一條放唱，臺灣人唱歌好像是天生的，唱起來個個像歌星似的，唱歌喝酒！舉杯便乾了！有些小姐為討好台商，猛練台語歌曲，一表演還真有七八份像，台灣人要是看到聽到小姐能唱台語歌，毫不吝嗇的多給些小費，甚至開房，整個房間熱鬧得很，猜拳喝酒、玩骰子、猜點遊戲，輸了喝酒，如此鬧到半夜，大家喝得半醉了！買單！陳君是常客大「款」，當然大筆一揮，好爽！走！要開房帶小姐，隨後大家又提議第三攤，那裡去吃宵夜？本來廣東餐廳為了配合廣東人吃夜茶，也開到凌晨二點，有些大牌檔，甚至消費到三四點，於是一伙人，開了幾部車，呼嘯到餐廳，點些爽口小菜，酒是免不了，吃飽各自回廠或回酒店（旅館），總算到了三點，結束了一場業務鬧劇。

第二天客人是可以呼呼大睡到中午，但陳君及有些台幹能精神飽滿爬起來工作嗎？就算年青體力強壯，工作中也難整天集中精神。員工稍有不當，火氣特旺，免不掉大聲叱罵，甚至動手打幹部，幹部受不了，有的離職，有的忍氣吞聲，這種狀況能有幾位不受影響呢！工廠的工作非常繁雜，每個環節均有連貫性，只要一環節出事，即便產品能包裝出貨，但品質上就很難一致，難免出現瑕疵或不良品，萬一被駐廠貿易代表發覺，那還好，可以即時更改更換，如果品管人員不小心、沒注意、昨晚酒還沒醒，醉眼惺忪，把關不了！也就出櫃到了歐美去了！

等到貨到國外，那些美國進口商可是道道地地猶太人，合約可是一面倒，貨到再付款或L/C註明清清楚楚，如有任何品質不良就毫不考慮退貨、賠償，你能怎辦？把貨運回來？怎麼可能！只好想法協調，美國的猶太人，現

實得很，協調後，往往打個折扣，30%-50%各有不同，結果都是血本無歸。貿易商雖然會影響自己利潤，但貿易商的佣金仍然可以取得，不怕虧本。但製造廠可是成本早已付出，取不回貨款，或打了大折扣，等於無法彌補虧空，如何繳租金？如何給原料款？如何付工資？如何付水電費等等，真是五花八門一樣要支出，最後只有把原有賺的錢墊下去，所以五個貨櫃，金額不大沒事！忍一下是可以過關，如果是50個貨櫃，那怎麼收場？貿易商錢早已付出，他們拍拍屁股一走了之，還怪你質量不好，害他們失去大顧客，一切一切損失只有自己擔下，這時的陳君是焦頭爛額，不知如何處理？這期間，壞事、倒楣事，又連連發生，員工因積欠的工資過久，開始罷工，要求付錢，不開工，如何能善了？在大陸公安及地方政府對這種事非常敏感，立刻做協調，一方面瞭解老板狀況及意願，一方面瞭解員工的想法，當然員工想法簡單，按時發薪，有住有飯吃，幹嘛要罷工，當然問題出在管理及老板，臨時沒錢付，只有拜託政府代為墊款。其中有位台商好友，借給5萬元，再加政府也墊下些錢，工人不再罷工，有些工人走了，其餘仍留下繼續工作，最後的收場當然是不好！陳君幹不下去了！知道很難收場，也只能通知大家草草收了，自己也不告而別，這麼好的加工廠，就是因為管理錯誤，一星期六天在KTV，如何有足夠體力去工作，怎能不失敗呢？

經過年餘，我們這裡的台商，傳出他在綠色電視台報告他在大陸失敗的原因，居然說是當地政府不配合，工人質量差，海關管理嚴格，耽誤出貨時間，資金流動不足……，我們聽後笑笑說，真是把最重要因素給漏了！

失敗原因主要是他沒管好，交際頻繁，開支大，如何能賺錢！這種批評，反而攪亂事實，欺騙台灣的電視觀眾。人在做天在看！自作孽，不苟活。開工廠還是老老實實，一步一腳印，實實在在做人做事！成功絕不是僥倖！

第三十四篇、上帝寵召的台幹

　　我有位好友，是別某家台商聘請的經理，姓林，出身黑手，個性憨厚正直，熱忱喜歡助人，經常到熟悉的工廠串門子，無形中拉攏了不相往來的台商，因為他熱心協助台商；比如你缺少零件，不知到哪裡採購，他會主動告知，甚至帶著去找；有些不知跟政府那個單位接洽，他也會告訴細節；那家台商有慶典，會通知其他台灣人參加；如果台商生意不好，也會藉機建議，甚至代為介紹；跟他相處，大家如沐春風，和諧、愉快。相聚免不了晚上打個小牌，以娛心情，贏了錢也不吝嗇，立刻邀大家吃飯或沐足，他出錢多，自然朋友多，也高興與他為伍。

　　他協助公司開廠，與老板相處像親兄弟，他老板不喜歡與政府打交道及應酬，所以由他代表公司洽公，這工作對他是最適當不過，有些政府單位難免會挑剔，他會從中協調，努力說服，使大事化小，小事化無！

　　我跟他交往相談融洽交情漸深，他會介紹生意給我，有位貿易商想買床墊銷到新幾內亞，他就推薦給我，出的量不大，但他堅持不收任何介紹費，讓我滿心感激。有一次我廠裡發生火警，因小孩玩打火機，點燃一堆塑膠發泡板材，熊熊烈火，濃煙飛揚，廠內消防措施還不錯，大家協力救火，花了30分鐘滅了火，消防車呼啦呼啦才到廠門口，欲進來滅火，門衛正要開門，林經理恰好在廠門口，立刻阻止開門，並告知消防員火已熄了，禮貌的請他們回去。我們正忙著滅火，哪會注意這事，如果真的救火車進來，可累了！除要調查原因並寫報告，罰款免不了，有幸

林經理在場，挺身免除了繁瑣的過程，感謝他臨門的措施！

他在廠工作長達十年，據說很早在台灣跟太太離了婚，一個單親父親將二個兒子養大成人，他才放心到大陸工作。這十年中，他雖無特殊表現，但工廠對內對外，盡心盡力。他在大陸有位女友，交往多年後懷了身孕，他特別為她租間房子待產，倆人關係只是親密朋友，沒有婚約，也沒告知公司，只有我們幾位好友知道，過了三個月，生了個男孩，他老來再得子，特別興奮，不斷泛起笑臉，大家也祝福他、恭賀他。

人逢喜事精神爽！不但心情愉快，打牌連連自摸，人說「娶妻生子大賺錢」，下了班他經常抱著兒子，得意的眼光不離寶貝，慈父之愛油然而生。過了二個月餘，某天下午他老板急著打電話給我，說林經理躺在醫院急救室，要我趕緊去看看！我大呼奇怪怎回事立即放下手上工作，駕車趕到醫院，林經理躺在病床上，臉部已被白色被單遮住，醫生已經宣告死亡，我是第一個趕到，仍然沒見不到最後一面，傷心之餘，老淚忍在眼眶，他老板淌著淚，哽咽地告訴我，說林經理中午吃飯之前跟底下員工有些爭執，吃了飯去宿舍就寢午睡，等到二點未見上班，叫人去喚醒，沒想到沒聲音，撞開門，他已不醒人事，急送醫院，醫院打了針急救無望，撒手歸天，只好束手！

原因是心肌梗塞突然中風！正在中午時刻，沒有人知道急救。他老板又說跟他像兄弟一樣，怎會這麼快離開，真正想不到。請他一起到大陸打天下，他確實幫了很多忙，賺到錢，也開始分給乾股，誠心感謝他的協助，老板

真是位好老板。我們好友都覺得驚訝！平常身體很健康，活動力很強，沒想到，真沒想到！後來我曾想起一件他緊急救人之事，二年前台商四人打牌，他在場，有位周姓台商做油生意，接了幾通不愉快的電話，牌局中突然倒地不醒人事，他帶頭將他急送醫院，經過二星期僅僅是腦部小出血，因及時送醫，命大沒事，僅手腳略有麻痺！他救過人，也知道中風如何處理，大家覺得為什麼他在緊要關頭，沒喊救命或衝出門外呢？

會救人也救過人，反而沒法自救？真是好人命短！唉！大概是上帝喜歡的早走吧！人之生命非常脆弱，根本不是自己能掌握的，只有聽天由命了！

林經理的善後又是紛紛擾擾，老板不知有大陸女友及剛出生的兒子，常理只能通知台灣已成年二個兒子及舅舅，來了後瞭解一切，三天內先行在火葬場辦祭典，讓台商會長等等親朋好友致哀，隨後焚化，骨灰裝罈交給兒子，老板也不錯，給了最好的奠儀所有費用及應得之股金及勞健保等等賠償，全部交給他二位兒子，二位兒子也知道他爸有個小兒子，沒想到分文未給，全部帶走，站在好友立場不便多說，但依理我們也說林經理非常愛這孩子，不管怎樣，二位哥哥對同父異母之弟弟也應該留下養育費啊！結果一文都沒有！這錢不是兒子賺，應該是他爸在大陸十年辛勤所得，弟弟的媽也曾跟他們面談過，雖然有些激動，但究竟沒打動二位哥哥良心。最後還是老板告訴她，每個月另會給千餘元作為生活費，時間二年，結束後，希望她回鄉另嫁他人，所以我們好友都說老板還是有良心，解決這椿不容易解決的問題，安心吧，林經理在天之靈！

　　大陸台商台幹幾乎來大陸時，大多是30~40歲壯年，經過十年二十年奮鬥，年紀都近退休年紀，一般工作勞累不談，都是Seven 11，從早到晚都要關心廠事，廠裡事又瑣碎，又多又煩又燥，台幹從大事到小事沒有不管到的，隨時隨地要關心，如果自己不好好保養及舒通身心，在工作中遇到不愉快事，是很容易發生意外，這種事在大陸台商及台幹間時有所聞，卻偶而見到。親愛的、辛苦的台商台幹們，在他鄉工作，氣候、飲食、生活習慣，不一定能適應，但是無論如何，務請千萬保重身體啊！

第三十五篇、台商投資餐飲業

　　台商進入大陸設廠，七八年後，大約在1995年左右，有些資本額較小的餐飲業老闆或是曾在台灣開過飲食店，開始分別進駐深圳、東莞、廣州地區，出發點大多是收現經營，似乎風險較小，投資不大，台灣人之口味應該可以贏取台商台幹們喜好，至少有基本客戶，要維持應該沒問題。但在我們鎮上開店的，似乎風水不佳，開一家倒一家，有同一地點連開四次，不同老闆，結果無一能生存；第一次開的是類似上島咖啡西餐廳，台商當然配合捧場，但每次去，總是門可羅雀，看了真為老闆擔心，我曾跟他談起，很大氣，說虧點無所謂，大概別的投資有賺吧！沒二年還是轉給另一位台商，新老闆做台灣小食料理，也有熱炒，裡頭房間內總有一桌麻將，賭注也不算小，開幕時台商蜂擁捧場，價格比大陸餐要貴了一倍，大家照常捧場，但鎮上的台灣人究竟少，難得有空閒去嚐嚐台灣口味料理，無法大力捧場，結果也難生存，沒二年又換老闆，還是台灣人麻將仍是一桌，主廚人被請的更是吹牛皮，老闆很有錢，不在乎賺不賺錢，台灣老闆們會養個小三在店內管事，起初台商們仍然捧場，但每次去吃，口味漸漸不是台灣味，變質了！魯肉飯味道沒了！涼筍也沒貨了！菜脯蛋內的蘿蔔乾也變味了！怎麼能長期吸引大家用餐，最後藉故說房租漲了，不做了！關門！更名也換了老闆！不知又能維持多久。

　　我有一好友黃君，他可是帶了50萬人民幣進入本鎮開火車頭餐飲店，向一位台商買了十萬元軌道車頭設備，也有台灣朋友幫腔，放心！我們台灣人會全力捧場，生意一

定沒問題；他信以為真，認為投入一年後可以回收成本，沒想到幾種原因讓他失望得很；

第一、鼓勵他投資的台灣人，根本只來吃二三次飯，也沒再帶人來捧場，黃牛了。

第二、火車頭很新奇，但店外停車位太少，停車難，台商就不想再來，客流減少了。

第三、本地人為了好奇，吃過一次後，不會再來第二次，因價格貴，回頭客更少。

第四、對員工很尊重，告訴他們賣不出去的，由員工當宵夜吃，沒想到吃完剩下的，又把冰箱冷凍肉照常拿出來吃。收入已不足，還要支出多餘肉錢，怎能賺到錢？一氣之下乾脆收了，結束！虧了幾十萬元，認了！

另一家開了間50桌大餐廳，裝潢設備投入幾十萬，熱熱鬧鬧開幕，台商來的不少，也大力捧場，但是吃過的人開始議論，菜量少，吃不飽，再加價格高，很難繼續捧場，一年多，受不了虧損，也是靜悄悄轉給別人。同一地點也連開四五次，地點也不錯，門前人流也不少，就是客人少，全是大陸人接班，奇怪的是做不到二年全換手，這只好說店面風水不佳。

在我們鎮上，有家上島咖啡，也是開了二次，價格貴，很難喝的咖啡，幾乎無法入口，連麥當勞的都比不上，牛排切出來，咬不動，反正好像是外行人開的，當然維持不了多久！當地人開了家類似上島咖啡的餐廳，隔了幾條街，價格比較便宜，偏向中式餐飲，顧客都是年青

人,生意不錯,至今屹立不搖。

有一家餐廳開得不錯,食客也不少,人際關係也不錯!正當大家都在讚美小炒口味不差時,以為他能在鎮上繼續為我們服務,突然老闆跑路了,店員也散了,門也關了!等到大家弄清楚怎麼回事時,原來打牌輸了錢東借西挪,賺的錢也不夠輸,只好關門大吉,一走了之!債權債務如何處理不問也罷!類似的店,後繼來者又開了一家西餐廳發生類似的狀況,老闆不是打牌輸,而是要台商投資,同鄉之誼,大家分別投入一部份,總結資金應在20萬元人民幣左右,開了半年,一個晚上不告而別!留下失望的員工,也留下茫然不知所措的股東們。

相比之下東莞的厚街,一些台灣料理賣得都是很單純的食品,魯肉飯、台灣炒麵、貢丸湯、四神湯、肉丸、燙青菜、滷豆腐乾、豬耳朵、肝連、台灣粽子等等,加上厚街的台灣工廠台幹多,價格公道,十幾年來,食客有增無減。原來很多陸幹,外地台幹都開車來吃,尤其陸幹被帶來吃過幾次,接受了台灣口味,假日帶了全家都來惠顧,品嚐台灣小吃!所以幾家料理店至今仍維持滿座!也有第二代來接班的!台灣料理,只有在厚街是興旺?

等到鎮上越來越繁榮,有幾家餐飲業,就能維持下來,像小火鍋,是大陸少見的,尤其一些年紀大的本地人,認為吃得很健康,蔬菜一大堆,一人一鍋,乾淨衛生,至今仍營業著,只要本地人能接受,問題就不大,而且台商們經常在門口招呼客人服務好又親切。

我也曾經在東莞開過茶餐廳,也是朋友介紹,原來

由台灣人開，生意不好，讓我投資一半，派人參予經營，看了設備齊全，尤其有很多紅木傢俱，最少有20桌，以泡台灣功夫茶為原則，提供簡餐，因設在二樓，客流不多，雙方講好開支各出一半，我請親戚古先生協助。後來才聽說，東莞人不喜歡喝茶，如果開在廣州就好，再加台商自己都能泡茶，何必勞師動眾到茶餐店喝茶，生意不好，合夥人見狀，無法挽回資本，竟然把店裡紅木傢俱搬走，避不見面，介紹人去了也是不見，唉！為什麼有些台灣人失敗，不敢面對現實呢？至少要算清帳目，怎麼辦？總得有個結果，好來好散！從此之後，我也對餐飲業的投資興趣缺缺。

第三十六篇、澳門

澳門是個賭城，早已聞名於世。台商經常飛澳門下機，轉珠海拱北關進大陸。部分台商就在珠海、中山、江門等地，落地投資。其實許多經澳門的台商，對澳門的印象一向很好，澳門海關對台胞的態度比香港好多了！譬如進出澳門可使用台灣護照，只要填寫一張旅客抵澳門申請單，核准入境後夾在護照中，等出境時由海關抽回，不會在台灣護照中留下任何印記，澳門回歸中國後仍維現狀，未加變更（2013年八月開始不需填表，刷卡後自動有張小紙條，記載可居留30天，更加便利）。台商投資澳門的不在少數，還有投資澳門媒體的。台灣與澳門早期就來往頻繁，台灣經濟鼎盛時期，赴澳門旅遊的人數甚多，每年在澳門各國遊客人數排名，都在前幾名。當時澳門經濟不是很好，賭場不多，只有最大的葡京賭場及少數小型賭場，所以澳門年輕人大多到香港、台灣打工。我曾遇到不少到過台灣打工的澳門人，對臺灣人待客之道及台灣的風景、美食，印象很好，尤其對台灣的政治，至今仍然關心有嘉。現在澳門人富了，極少出國打工！反而有不少台灣人到澳門打工。我有次搭計程車，司機居然用流利的台語跟我交談，原以為是福建人，卻是道地的台南人，他告訴我，台灣人到澳門打工的極多，投資開餐廳也不少；在台灣開計程車，實際賺不到什麼錢，經朋友介紹就來澳門，結果頗為滿意！真是風水輪流轉，卅年河東，卅年河西。

台商到了澳門，都會去casino賭幾把，早期只去葡京，但葡京的規矩多，服裝不整、穿拖鞋，都不能進場，而且到處要給小費，尤其賭場，看你贏多了，自動要求小費，態度

惡劣；賭場擁擠不堪，比拉斯維加賭城有天壤之別。台商不僅對賭有興趣，偶而也去看些色情表演，尤其是白人裸體表演或跳舞，幾無台商沒欣賞過。早期在大陸，如果想要尋花問柳，被抓到，要罰錢、關一夜，尤其甚者，傳說嚴重的會在台胞証上蓋上「淫蟲」二字，所以在廣東的台商，比較不敢輕舉妄動。在澳門這種事都是合法的，可以安心在此留宿一晚舒解身心。

自從澳門回歸後，中國政府實行一國二制，不但沒有削減賭場，反而開放國際投資，五年後由金沙集團開始，改變了澳門casino原有破舊形象，賭場建築內外觀，皆向拉斯維加看齊。世界級的賭場集團，威尼斯、銀河、MGM、鴻利會、永利、海立方等陸續申請進入；十年來，澳門完全變了樣，大樓林立，內外裝潢得金碧輝煌。澳門人就業率是100％，尚有不足之數向各國勞工開放；家庭收入增多，一片榮景，不但所得稅完全減免，近幾年每人每年都能領到幾萬元的津貼，讓我們台灣人及香港人羨慕不已。我有位代理商說：香港人以前看不起澳門人，窮啊！現在不同了，鹹魚翻身了，香港人也來澳門打工了。最乾淨嚴厲的新加坡也不甘寂寞，近三年設了二座賭場，為新加坡的觀光客及經濟提升不少。台灣早在30年前就有意在澎湖設賭場，結果呢！只有馬祖一地，公投通過；再過十年，希望馬祖能有澳門、新加坡那麼好的榮景！只怕時光不饒人，錯失良機就回不來了！

我也喜歡去賭場小賭怡情、舒壓，尤其現在的澳門賭場今非昔比，除了有最新設備及排場，還邀請世界級藝術團隊作秀，世界一流的美食、名牌衣服、手飾，在這裡都能享用及購買，所以去澳門不僅可賭，可休閒，更可觀賞一流的

表演。賭場內各種賭法，如21點、百家樂、羅盤、三顆骰子壓寶、吃角子老虎，各式各樣，應有盡有，而且已經趨向電腦化，對年輕人的吸引力更大；有一種賭法在其他國家沒有的，是一種可以撥動圍棋子的賭盤，猜棋子數，可以壓單、雙或總數，玩的人以老人為多。玩得最多的，常常是百家樂，經統計賭客獲勝率是49％以上，是各類賭盤中勝算最高的，尤其香港人特別喜歡，賭注由200元到幾萬元，雖然有掛牌限制賭注，但是真有大筆下注，也很少被干涉。

到了各種VIP區更有看頭，輸贏在數十萬到數千萬不等；賭場的利潤極高，賭客輸面較大，但不服輸的心理，讓人越下注籌碼越多，越陷越深。也有贏的時候，人心不足蛇吞象，想贏更多，這是人性弱點，續賭的結果，多半反勝為敗，所以開賭場沒有不賺錢的。

我們附近有位台商經營養豬農場，利潤不是很好，私下轉作六合彩組頭，賺了不少錢，也喜歡賭，平時只是麻將消遣；大約二年前去了澳門當了VIP，免費酒店、住宿、餐飲，甚至在拱北關就有高級雙B車接送，他自己跟我說，三次就輸掉200萬港幣；起初跟他不熟，以為是膨風吹吹牛，後來他邀請我一起去，看他玩法，不敢恭維，心想這種賭法，「前途」堪慮。又過了一年，就在台商之間傳出他失蹤了！欠了不少錢跑路了。在澳門有些賭場，你只要出示護照台胞證，他們一查就知道，你在大陸有什麼工廠、事業，很快判斷能借你多少錢；百萬元以內，可隨你借，贏了，不必付利息，歸還本金即可，付些小費難免，但輸了，希望你回去立刻還錢，否則自然有人上門催款！據聞有許多大陸賭客，經營多年的事業被全盤拿走變賣的。

　　廣東的經濟每年以二位數成長，很少聽到營運倒閉的，有的大多是在澳門輸多了，不得不放棄賺錢的金雞母，可惜啊！！也有極少官員動用公款，去澳門賭博，輸了公款，無法回補，最後案發，鋃鐺入獄，何苦呢！

　　賭客身在賭場，如能氣定神閒，選擇喜歡的盤局，量力而為，輸了服氣，贏了不貪，不論輸贏，心平氣和，舒活身心，算是良藥一帖。人生也可以說是一盤賭局，輸贏在己，善加綢繆運用，誰說「賭場」不能經常玩樂逍遣呢？

第三十七篇、白狼張安樂滯留大陸

前陣子「白狼」張安樂滯留大陸十七年，引發媒體大量報導，讓我想起兩位台商朋友的故事，他們很早就到了大陸，余君到深圳市發展，阿田在廣州市新塘鎮賣茶葉，多年往來，彼此成了好朋友。

在大陸台幹或台商老闆，大約每2~3個月都會返鄉，只有他們因有案在身，無法返台，每聞有人返鄉，眼神常露出凝重思鄉之情，面對故鄉新聞及帶回來的產品，也會觸景生情，感慨萬千，說起過往，在台灣出事狀況，部份情節與竹聯幫張安樂，情況頗為相似。

余君由香港進入深圳，為了生存，使用假身分證（當時假證件，很容易取得），以求落地生根。他來自一個美滿外省家庭，父親服務警界，官拜局長，他年少叛逆，有義氣個性，混入幫派，每因打架被警局少年組拘捕，也因父親的關係，從輕發落。余君少年氣盛，雖經父親一再告誡勸導，奈何諄諄之言，如耳邊之風，更因有持無恐於是變本加厲，愈鬧愈大之下，最後出事傷了人，為免父母蒙羞擔憂，又為了義氣，一人扛下所有責任，在通緝沒發前，買了機票飛到香港，與朋友在狹窄的屋裡勉強吃住；當時香港物價很高，又不懂白話（廣東話），生存不易，只好帶了母親匯給他一筆錢，轉往正改革開放的深圳市，經一位台商朋友介紹，開始做中國人移民美國的工作，那時開放後，大陸年輕人賺了錢嚮往國外移民，當然最想去的是美國，這種移民方式非正規，也非合法，就是買了機票，付了錢，安排出國，到了當地再想辦法介紹臨時工

作，余君每月最少也接到數件委託案，因辦得不錯，成功移民的再介紹別人，如此做了幾年，不但維持生存，而且有了存款，買下二間房屋，一房自住，一房出租，同時有了同居人，兩人各別打工，生活已屬小康。後因介紹人是菲律賓的老先生，年高過世，這種工作也不易長期做，於是放棄移民工作，改換貿易繼續維持良好生活。

有次我們二人在深圳KTV喝酒唱歌，他心情特別激動，歌唱中潸然淚下，他告訴我，父親前些日子過世了！見不到最後一面，傷痛欲絕，早年父親管教嚴厲，經常耳提面訓，當時年少不能理解，而今常常想起，每次悔恨莫及，原想過了法律時效，可以返鄉照顧父母，天不從人願，父親一病不起，雖然只有短短二小時飛航時間，卻無法如願見最後一面，樹欲靜而風不止，子欲養而親不在，為人之子，怎能不痛苦流淚，悲傷不已。又過了幾年，通緝時間將屆，此時大陸全國為清理人口問題，更換新身份證，只好另闢新路，他說過真想放棄大陸一切，買張飛機票回台灣，看一看老邁母親，在她有生之年，略盡孝道，就算回去被關幾年，也甘願接受懲罰，他的心意，台灣的法律及社會觀點能接納他嗎？

阿田是從高雄市搭了走私漁船到了福建，他是高雄人，居家附近多幫派，平日耳濡目染，也學會混混之道，他全身刺青，在幫會裡，漸漸舉足輕重，算是一號人物，也為了義氣，強出頭，殺了人，偷渡到福建，為了生存，以福建茶葉運往廣東販賣，結識我們地方台商們，收斂了幫派習性，規規矩矩做生意，娶了福建老婆，生了個兒子，從此落戶成了大陸同胞，台商們自然多照顧他生意，生活漸好，賺了錢也買了房子，他很聰明，等到茶業生意

轉弱，轉以買賣股票賺錢，現在他已能對股票侃侃而談，每聽到有些不法台流靠毒品賺錢，就很氣憤，這種錢賺不得，害人害己，不可取，他說以前在台灣看多了這種人下場，而且他重義氣，絕不見錢眼開，他深知大陸經濟起飛，每年GDP，在廣東都在兩位數字，只要好好做，家居生活養家活口都不難，等孩子大了，台灣通緝時效過了，也想返鄉，孝順他年邁的母親。有一次請他吃飯、喝酒，談及母親，哽咽不已。某日我去高雄，順便拜訪他母親及哥哥，操著台語，問我阿田及孫子好不好？她孫子長得可高，母親思念孩子之情，溢於言表，骨肉親離，真是情何以堪？

以上兩位的遭遇也算奇特，言談之間，肯吐露生平，也是緣份成了知己。有些台商很在意他們過去，不願深交，跟他們保持距離，他們也知道，只有忍讓，不多接近。我與他們交往，彼此信任，不計過去，才能開懷暢談，成為莫逆！

佛教有言「放下屠刀，立地成佛」基督教也說「臨終之前懺悔，也能入天堂」，年少犯下大錯，終身在悔悟中生活，我們都是普通人，誰不犯錯？比起那些少數台商，跋扈不可一世，部分台流仍執迷不悟，要好太多了！

這些日子，張安樂返台投案事，尚在媒體、名嘴間爭論，白狼是名黑道通緝犯，滯留大陸十七年，在深圳創辦安全帽事業，不到通緝結束提前返鄉，突然願意接受法律制裁。不論目的為何？投案應屬事實，可以理解，社會宜就其案情，在法律面前給予肯定。

記得40年前有首西洋歌曲「Yellow Rainbow on the tree」美國人可以對出獄返鄉人，全村在樹上紮上黃絲帶，歡迎他回家，台灣也是民主國家，也有對出獄的人給予更新的機會，為什麼美國人民可以，部份台灣人不能寬大？什麼事都可涉及政治，變得沒完沒了！社會充滿了不信任，硬是把很簡單，自動投案事件，當作與某黨掛勾操作呢？個人以為如能藉張安樂案的最後結果，鼓勵更多通緝犯，為想念家人，為思念家鄉，提前自願返鄉服刑，這不是很好的結果？而且兩岸逐漸在各種犯罪案協助推動破案已時所聞，斷了台灣通緝犯逃亡大陸躲藏之路，則未嘗不是一件好的開始？

第三十八篇、香港鳳凰台電視

在廣東地區，都能收到看到香港各電視台，本港台、翡翠台、鳳凰台，前二台是以白話（廣東）為準，台商收視起來吃力，又不能瞭解新聞內容，很少收看，自從97之後，有了鳳凰台，完全是以普通話（國語）作節目及報導新聞，有部分主持人來自台灣，口語口音，聽起來相當順耳。台商工廠內，絕大多數裝置大小耳朵，收看衛星電視，能收到幾十台台灣節目，如東森、中天、TVBS……。

至於大陸電視台，能收到如CCTV各台廣東各台及各省的衛視台，最有名是湖南台，因辦了超女節目轟動全國，收視率破紀錄，各台絕對採用普通話播放，地方台難免使用地方語言，以配合地方人士收看，廣東地方台部份用廣東話做為主要語言。記得前幾年，廣州要辦亞運會，有位官員突來奇想，放出風聲，說在亞運期間，所有電台電視台為配合亞運及訪客全用普通話播放，禁放白話，此事在媒體中播出，廣州人非常不服氣，這是我們地方語言，有什麼不好？有些年紀大的根本聽不懂普通話，為何在亞運期間特別封鎖，讓習慣聽到的白話節目也沒了！太沒道理。部份人士還集結前往天河區體育中心抗議！鎮暴公安也出面阻止，據說這些人乾脆串流到廣州市北京路（老式的繁榮區），人多，就不易被公安阻止。最後廣州市當局順從民意，聲稱是官員發言錯誤，誤會了，於是在亞運期間一切廣播電視如常。唉！各地方言是地方人習慣用語，用了上千年，要臨時一下禁聲，是有些過份，何必壓抑地方語言去迎合國際人士呢？說不定外國人更喜歡聽聽、看看地方節目，是如何不同腔調發音呢！

　　台商既然有三組地方電視台可看，當然在收視中互別高低，那些電視台較能打動台商及台幹的喜歡！最後據我們所知了台商們收視最多的、時間最長的是香港鳳凰台，為什麼這台會被大家接受認同，以我所知分析如下：

　　（1）純正國語，語氣委婉動聽，不生硬，讓人聽來感覺較為舒暢。

　　（2）新聞報導真實公正不偏不倚，報導時效速度最快。

　　（3）國際新聞報導最多，甚至在全世界發生重大新聞時，都會派專人到場報導（這點在台灣的媒體，幾乎已忘了國際新聞）。

　　（4）專訪各類領袖、總統、知名人士的節目也多，而且不限於自由國家人士，有些專制國家敏感地區，如北韓、古巴、阿富汗、伊朗等等領導們也在專訪之內。

　　（5）軍事及政論節目也多，尤其在某些大事發生不久，同樣邀請正反雙方人士參予，甚至有第三方人士參加討論，絕對不像台灣政論節目，一看就能分辨出藍或綠，參加人所談的，全是偏藍或是偏綠，沒有互相包容、溝通，鳳凰台報導就很中立，很自然讓正反雙方都能表達自己意見。

　　（6）海岸三地相關新聞，絕對忠實報導，以站在媒體報導為主，甚至大陸CCTV被封鎖的新聞，鳳凰台仍然適時播出。

　　（7）對中華民國成立以來的近代史，報導最多，大家都知近代史往往在海峽兩岸報導是相反的不同的，正確與否，觀眾都沒法判斷歷史的真相，鳳凰台以專題方式訪問許

多兩地退伍退休的 年邁人士，說出了許多可歌可泣的愛國故事，以前大陸很忌諱的抗日戰爭歷史，也不斷一 件一件報導，讓我們台商及香港廣東地區民眾也了解國民黨軍當年抗日戰事及英雄。

（8）邀請許多知名台灣人士主持節目，如李敖、石茲平、陳文茜，談的是敏感極高的政治，歷史、財經、世界各地特殊新聞等……收視率都不錯，不因為是台灣人，就排除在外。

以上幾點說明鳳凰台是最被台商台幹們愛看的電視。反之，看到台灣媒體，在播放新聞，好像話家常，東家長，李家短，最糟糕的新聞，常常一播再播三播，而且特殊熱門新聞有時播個一個月，還在播放。這看法不是只有台商台幹有，連奧斯卡金像獎得主，最不會說重話的李安導演也毫不客氣的批評，台灣媒體播的是芝麻蒜皮的小事，可憐！台灣媒體已一、二十年如此，何時能更改到像鳳凰台有深度、有廣度、有國際觀…，尤其那些政論節目裡的名嘴，說的都違背歷史，違反事實，有的甚至是非不明，黑白不分，看了令人倒足胃口！拜託拜託，希望台灣各電視台好好做些調查，這些節目對台灣人民影響有多大？兒童是不是適於看那些政論節目？

台灣的有線電視也很奇怪，收視不到鳳凰台，大陸台被禁止沒話說，這麼好的鳳凰雙台為什麼不在範圍內？是不是這台做的太好了！怕台灣各台被比下去！或是認定鳳凰台節目具有替大陸宣傳疑慮！台灣不是號稱新聞自由？為什麼不開放鳳凰台？如果讀者不信，不妨從網路上看一下鳳凰台，是怎樣的內容，我們台商都認為，這才是電視台！

第三十九篇、車匪路霸

　　路霸這名詞在台灣應該很少聽聞，車匪可能也沒見聞過，這在大陸早期可是千真萬確，我曾巧遇，機靈躲過。某次身上帶了十萬港幣，過澳門拱北關，往珠海乘大巴到廣州，公司備車在廣州接我，大巴走國道需要四、五個小時。車上有個胖子，口稱無聊，卻自言自語在東北賣中草藥提貨到珠海，賺了很多錢，有操廣東口音人接話，要不要來賭錢解悶？胖子贊成，問怎賭？那人馬上自包包中拿出一支六角形鉛筆，用原子筆在鉛筆每邊畫上1到6點，然後在手提箱平面上滾動比大小，每把10元。二人漸漸將賭注提高到20元，胖子輸多贏少，那人以廣東腔的普通話邀請大家一起玩，贏胖子錢，他笨笨！果然一吆喝就有三四人參予，人越來越多。這時我看苗頭不對，急了，疑是車匪路霸，擔心的不是別人，是我身上的現鈔十萬元，靈機一動，跟司機說我內急要上大號，請他帶我去加油站，司機好像心理有數，不久到了加油站，問我要等你嗎？回稱不要等！司機笑笑，車內繼續熱鬧哄哄。下了車到了加油站，請櫃檯老闆替我找部計程車去廣州，等車時老闆問我，你幹嘛下車？我告訴他車上情況，他笑說，哇！那是車匪路霸，只要賭到最後會要挾司機停靠隱密地點，然後原形畢露，向每人強要錢，甚至搜身，手機、現金、戒指、鍊子搜括一空，最後有開車的接應人，一伙人上了車，揚長而去。老闆說我聰明，否則損失可大了！司機顯然知情，他可不敢叫。幾年後這種事情在廣東地區很少再發生了，在廣東省以外各地仍時有所聞，有多少大巴被搜刮過！媒體極少報導。聽說當時還有在火車上，整列車被搶呢！！你相信嗎？

第四十篇、成敗論英雄

　　「話說天下大事，合久必分，分久必合」善哉斯言，印證多年來海峽兩岸的關係，再洽當不過了。數十年的分隔，因為改革開放，因為台商登陸，兩岸再度把手討論各種事物。然而，台灣政壇過份主觀，將台灣政治利益置於最高原則，兩岸關係因此一再受阻、停滯。馬英九總統執政後，開放大陸來台觀光，引發大陸同胞多年來的興趣，絡繹於途。近距離的相交，拉近了雙方互相的理解。兩岸關係的好壞，確實造成在大陸台商的商業行為思考差異。早期登陸者認為反正已到了大陸，以拼命賺錢為原則，擴大投資，政商關係良好，如富士康、康師傅、旺旺……等大企業為代表，深得大陸政府寵愛。中型企業者，部份因故無法經營而放棄再投資，只是維持現狀；部分隨著大陸經濟成長，人民幣升值，或擴大、營運或轉內銷、或配合大企業在各地設廠或轉東南亞設廠。至於小型企業，做一天和尚，撞一天鐘，今朝有酒今朝醉，不想進取，得過且過；莫管明日是何夕！返台重新操舊業已無法再生存，做嗎，賺不到錢，只能維持生存；不小心被海關查緝，被國稅局查帳，是既煩惱又痛苦的事。小企業老闆出生黑手的居多，事業變動也最大，究竟何去何從，往往很難圓滿退出；有一走了之的跑路者，有轉賣者，有讓大陸人士承包，狀況不一。早期兩岸因政治狀況不明，讓很多小廠裹足不前，不敢直接買土地建廠房、購新式機器、招人開工、訓練、接單……等。

　　他們多半是家族企業，在台灣生存有些困難時，轉進大陸，認為大陸工資低，有錢賺，但要投入大量資金買

土地建廠房，就有些政治上擔心及憂慮，殊不知後來地價房價爆漲，因社會繁榮，無形中的獲利非常可觀，但能抓住時機獲利的台商不多。多數認為租廠房開工是最快而穩贏的作法，萬一發生戰爭，大家一起「跑路」，損失不會太大。當年進大陸的機器，大多是台灣二手貨或舊機器，在台灣是堆廢鐵，淘汰的舊廠設備，是等待起死回生，開展機器的第二春，成功的機會很大，虧損的機會極小，確實是小廠，轉進大陸，擴大業務的最好機會。但經營數年後，變化卻有天壤之別。有些做了幾年，被後起者追上；有些由離職員工開廠，以低價競爭，多少年來，幾乎每一家台商都發生過。失敗而淪為「台流」者，不在少數。也有返台養老，回台吃老本，或重操舊業，都有一本切身痛苦經歷。他們的成功、失敗，經20年來的觀察、了解，原因極多，或可分析歸納數條如後：

　　一、在台灣經營事業，有各種專業的公司代為處理專業問題，如律師、會計、報關等公司。但初到大陸可沒有專業人的協助，只好聘請大陸人仕，「摸著石頭過河」。在大陸，政府機關往往沒有標準答案，多數是個人說法。實際上，有許多出版成冊法規書，如海關法厚達10公分，內容千頁，怎念？會計法法案也多如牛毛，但遇到問題，官員們往往無從正確答覆，於是只有討人情、送紅包，以求過關。因此而犯規違法，連當事人都莫名奇妙！怎麼會如此？關了人，罰了錢，只好認了！所以在大陸經營的台商，只要遇到官員就肅然起敬，尤其稅務、海關的官員，討好的討好，飲宴的飲宴，給些好處也難免！當然大陸政府的關心考慮，促成了台商協會，協助諮詢，解決了許多問題。地方鄉鎮企業局也有專人協助打理台商瑣碎之事，

台商們跟他們較為親近，有事找他們，尚能有求必應，但真有大事，那些官員也是官小言輕，幫不上忙，出身黑手的台商，難免在許多方面無法周嚴顧及，一旦出事，不是一走了之，就是罰款解決問題。幾年後想通了，乾脆放棄不做了！

二、平時我們台商也結交些大陸官員，私下交情逐步增濃，生意做得好，雙方還能與時俱進，生意不好，現實的官員也就離得遠遠的。有些台商自稱政府關係有多好多好，等到大事發生了，就只剩下一句話：「愛莫能助」，他們多年的交際投資，全部落空，求天不應，叫地不靈，在投訴無門，只好連夜帶了細軟金錢趕往香港搭機返台，避免被抓入監。所以靠關係、靠交情，只能解決一般性的事物，關鍵上的大事，就一籌莫展了。

三、有些台商到大陸設廠，訂單大了，一下子膨脹了數倍，在台灣只管幾十名員工，到了大陸員工上百上千，於是管理上無法完備，老板及台幹想全心管好，都成了seven 11，從早到晚親自督導監控，時間、精神、體力、智慧，付出極大。當然認真得法者能帶動起來，逐漸調整慢慢穩定了。也有台幹之間為了管理也會起矛盾，處理不好，常會發生分裂對立，管理上就複雜了，嚴重的，有帶頭整隊退出，管理上缺了人手，問題立刻產生，無預知因應者，幾無招架之力，甚者尚有退出後另起爐灶，以低成本設廠對抗高成本的老東家，競爭之後不能因應者，只有結束返台一途！

四、有些台商在工作之餘，為了消除工作壓力、舒壓情緒，當時唯一可去之處是KTV，唱歌喝酒發洩情緒，再

找個妹妹坐台，開房，那是難免，也有台幹們邀約打牌，有麻將、有十三支。在那種環境、背景，除唱歌、打牌之外，少有第三種選擇。有時台商就近會互相電話邀約，都是台灣同鄉，怎能不應酬，有些公司規定必須十一點前返廠，晚回的，有處罰條例，也有規定，只要有二奶就調回台灣或撤職！但是就有許多台幹甘冒違紀，反正「將在外，君令有所不受」。少數小廠老闆，為了生意整天混在KTV中，一星期六天，全泡在酒杯中，混在小姐裡，徹夜打牌，無法自拔，當然最後公司，只有草草收場；有些認為回去不如留大陸，開支低，後來淪為台流時，租個房，吃便當，仍是那樣生活，那裡有台商聚會那裡去，日混一日吧！

五、有些公司經營方式常故步自封，主要的設備老舊，技術落後，成本逐年增加，訂單自然逐漸減少，甚至陸幹疏忽品管，外銷品質不良遭到退貨；遇到競爭者，幾無抗衡餘地。台商缺乏研發改進、創新，最後唯有關門一途。能生存下來的台商很多，生存因素不外：管理不斷改進、技術不斷創新、更新機器、創新產品，再再都是業務擴展、擴大的不二法門，成功或失敗往往只是台商老闆一念之間吧！

六、隨著大陸GNP的成長，各地市鎮不斷繁榮，各地政府為擴大經濟來源，把土地拍賣給開發商，建立一堆高樓社區，也讓有心人開始炒熱房地產，到了2003年，房地產更是飆高、升值，讓大陸人民望著高樓逐層加高，價格也逐層標升，嚇人的房價讓大陸年輕人只能望樓興嘆！這時地方政府、開發商及銀行，更是聯手一搏，逐步向郊外各地的台商工業區、台商工廠，提出徵收，要求遷廠，

當然，徵收是有補償的，只是程序手段有些粗魯，引起台商憤怒，同時當地居民，也有為了徵收，引發民怨，所以在各地新聞網路上時有暴動報導。有些台商為了已有的成就，同意搬遷另設新廠。有些台商收了錢結束營業，就此了斷，返台養老！這可是最好的吧！！

　　七、廣東地區這十年來，工資逐年上升，每個地方政府都有最低標準工資之訂定。80年起，中央規定，每對夫妻，受生育管制，限制一胎，農村家庭生了女孩，可再育第二胎。一胎制的結果，獨子或獨女被過度寵愛，不能吃苦，也不願出遠門，在家附近打工，成了啃老族。廣東地區人力逐年招募不足，廠商只好提升工資，甚至早已超過最低工資標準，加上社保、健保、房保……無形中增加支出比率。有生意沒人做，也是惘然，唯有減少訂單、減縮人力、降低營業額，以資因應。許多台商相遇，經常聽聞的第一句話：今年工人招滿了沒？唉！怎能召到！中國政府也希望台商轉型，嚴格的說轉型談何容易，環境、背景、資金、技術、人力等，牽涉太大了，有能力的，早已規劃了，沒能力的，只有過一天算一天了！！

第四十一篇、金融會議看廣州的發展

2013年6月21日廣州舉辦金交會，全國所有金融有關的行業包括銀行、証券、保險、信用社，以及參予金融業的業主等等，都應邀參加，其目的希望廣州金融行業的未來，能吸引更多的世界金融單位參予設點，促成廣州市成為國際金融中心。這是好事，廣東是最早開放的地區，深圳已有相當的基礎，加上香港的輔佐，深圳市已具有廣東省的領頭羊。但深圳究竟發展有限，在政治及地方政府的企劃中，是要促成第二個金融中心，要促成這種趨勢，可不容易，必須各界之支持及國際金融的投入，總需要些宣傳展覽對談，交際才能一步一步達成目標。這是大型展覽，當然離不開台灣金融界參予。

金交會開幕的第一天，同時是廣州市人民政府台辦舉辦穗台金融論壇－兩岸金融合作與發展，論壇的目標不小，正好呼應在上海舉辦兩岸的陳林會，邀請台灣三三企業交流會會長江丙坤配合主持，由廣州市政府歐陽衛民副市長主持會議，邀請兩岸有關專家學者、銀行行長及金融界要人及各論壇內容離不開兩岸金融的現狀及未來展望。台灣各界代表來的不多，似乎為了湊人數。在廣州市各區的台辦人員及台商代表也被邀參加。有幸，因我是增城常務理事也在邀請之列，雖然不是自己的領域，我想多聽些也好，學習學習吧！

以下是我聽到看到的摘錄提供參考：

代表中方發表中國金融現況的，是由中山大學嶺南學院陸軍副院長，陸軍這名字很好記！他說中國銀行在1999

年國際金融排名都在十名之外，只有花旗銀行等世界知名銀行能排上，十年後，工商銀行、建設銀行、中國銀行不僅排上前十名，而且分別佔前三名，變化之大，可是金融歷史上少見，當然中國金融銀行可是屬於官方的，而且居有壟斷性，所以國際外資銀行不易在大陸生存，從數字上可看出，十年前外資銀行佔2%，十年後今天，下降至1.7~1.8%，不但沒有上升反而下降。陸院長站在金融觀點上，認為要趕緊提高才是。中國金融這幾年也向國際金融界學習理財產品，成長很多，多到3萬多種，這真叫著風生水起，我稱它為一窩蜂！台灣銀行界自從2012兩岸簽署金融協議，至今已有12家入駐各地區，廣東地區有2萬多家台商，是他們客源的主要對象。

他也談到證券業，2012年上市公司已達2914家，分別在上海及深圳股票市場，上市公司大多離不開銀行的配合，實際上證券的後台，就是中國各銀行，而銀行的大股，也是政府，股價要上要下，政府的影響力極大。今年開始，台灣人也可參予股票市場，而不是以前僅限於B股，對於台商這點是有吸收力的，很多台商讓部分資金轉入股票，對於資金運用及利潤，自然有好的回收，但是仍有戒心，因為股票的透明化仍顯不足，再加有些股不是爛帳，就是假帳，所以中國股市要像香港股市一樣健全，我想還有待努力。

他又說基金業務，中國也有1317家，這20年變化很大。談到保險業及壽險業，集團有10家，小單位有130家。但談到保險從業人員居然有353萬人，真嚇死人！相當一個台北市人口，保險業收益，達到14339億元，利潤真好！不過這行業，跟國際保險也有段距離，也是國際保險業可

以開發的目標。網路在大陸非常紅火，上網人口達幾10億人口運用，互聯網在金融上的利用，也慢慢與銀行作業掛上，他舉有第三方支付為例，最有名的是支付寶，在2012年達1.86億元，推算2016年可達50億元，這也是未來可投入開發的市場。另外還有P2P（Peer to Peer）網構平台貸款，目前推測可達200億元。依據陸院長的分析，原有金融種類這麼多，對於台商來說，有多種選擇，多種現金支援，在擴展業務及擴大投資是絕對需要這些金融產品的配合。早期進來，無法經營下去的台商，全是資金問題，當時每家台商可憐得很，沒有銀行支持，貸款不易，銀行只是個存錢錢莊而已，所以一有週轉不靈，又無法自台灣調頭寸，原料款及工資不能付出，就是有訂單，也只能望洋興嘆，甚至關門大吉。在此也奉勸台商們千萬不要找地下錢莊，想辦法跟金融銀行拉好關係，真需資金運用時，來得及向銀行借貸。

陸院長又說中國金融未來的挑戰，仍是非常艱鉅的：

1.利潤要市場化，16家銀行股票上市，光利潤達10112億元，銀行績效利潤比53.23％，讓台灣金融界羨慕不已。

2.不良資產企業貸款一定要多加查核，當然政府要求下的企業貸款，也有些不良樣板，值得探討小心。

3.國際經濟下滑困擾－中國是世界一員，雖然有很好世界生產中心的支撐，但要脫離世界不景氣是不可能的，只有多對國際經濟現狀及未來觀察，了解判斷，擬定對策，避開風險才是，國內經濟狀況更要小心房價飄升、貧富不均、出口受限、就業壓力、製造業成本加高、人力不

足……，都會影響到對國內企業貸款影響。

4.非金融業競爭－國際非金融業也會逐漸來到中國參予競爭，國內非金融業如面臨國際競爭，有待各界合作努力，以因應挑戰。

5.走出國門面臨各國挑戰－中國金融業當然要走出國門向世界金融業挑戰，那可是風險極高，因為國際金融業早有百年歷史，中國不過20年，如何在強大金融業壓力下，先求生存，次求擴大，三求創新。

哇！好不容易把這位中國專家的演說摘要記錄下來，能瞭解多少？我非專業，只能用短暫回憶去領略他的想法構思，但我們台商20年來，早早已跟銀行打過交道，知道銀行制度，近五年來，才有少許進步，可以舉出多少例子，告訴我們，銀行是衙門，錢進銀行，就不是自己的了。再把以前發生的事件敘述如下，以供讀者莞爾一笑。

一、當時銀行開戶之繁瑣，好像世界第一名，填表、公司執照、身分證影本、圖章、證件等，一一核對，只要不符，就退回申請件，然後重新修改再送進，承辦人又發現另外有問題，又退出申請件，修改後再送件，有時四五回，還會責備你，怎麼填的？又填錯！說話口氣好像是你的領導！影本資料還得蓋上公司章，證明這不是偽造的，還帶正本對照，照道理看證件真偽，應該是行員才是，但是為了脫卸責任，把他推給客戶，這是推卸責任的最佳辦法，銀行似乎對企業，純粹帶著懷疑的心態，處理事情。

二、要填支票領錢或付材料款，這可是大事，出納小姐必須很小心，寫好包括抬頭公司名稱，必須不能多一點

或少一點，筆劃太短或太長也不行，唉呀！好像沒有讀過書，連阿拉伯數字都不會寫，沒辦法，錢在他手上，只有摸摸鼻子，拿回來重寫，尤其我們台幹不會寫簡體字，錯誤更是百出，你知道大型台商公司，特設有一名專門書寫資料的文員，只要填支票、收支票，填公司名⋯⋯離不開他！

三、有一次我個人需要匯款去外省，當時填了單，繳了匯款並納50元匯款手續費，滿以為沒問題，第二天接到的信息：沒收到，第三天到銀行排了半天又耗掉20餘分鐘，到了窗口，這匯單對方沒有收到，行員在內查了十分鐘，告訴我填錯了！

我問怎麼辦。

他說重新匯啊！

我說是不是能讓我看填表單，錯在哪裡？

不可以！

我說看自己的資料為什麼不可以，他說這是銀行規定！

我火大了，立刻大聲嚷嚷。

那有這種規定！坑人嗎？叫經理來！

他說經理外出。

立刻叫他回來，銀行怎能這麼做？

這時銀行內客人都圍過來看熱鬧！經理總算十分鐘

後回來了，他了解狀況，特別拿了大型裝訂簿，從內走出來，倒是很客氣。

說銀行規定是不能看的。

但我說只是看自己填的資料，錯在哪裡，更改後填單再匯，再出50元我也認了。

假定不是我錯，是你們行員打錯，當然你們應該負責。

經理被我說得沒話講。

喔！今天你是台灣人，我私下拿給你看。

居然這時台商有了特權，後來一看，是我填錯一個字母，認了！繳了50元再匯出，你說這時台灣人真好用，但是真有理，還是得大聲說，才有用的，當然現在各銀行已進步很快，匯款在ＡＴＭ可以隨時匯出，申請卡號也方便多了！但是匯費可沒降低，千分之五手續費。

四、公司正式向銀行開戶，只能一家，作為管理上年審核銷之用，向其他銀行的開戶，只供存取款之用，銀行認為，管理公司，先管銀行帳戶，譬如你開給客戶增值稅票，客戶必須將完全相同的金額，匯入你公司帳戶，你開出支票給別人，也是同樣的要求對方，開增值稅票給你，如此年審查帳，就是以帳目為準，這在公司會計上是絕不能弄錯，否則被稅務局查帳，嚴重的，負責人要受羈押，輕的，罰款十倍、二十倍計算，所以這種方式，銀行人員稱之為保護你們，避免壞人把你們的錢轉走，這也是一種有道理的說法，但外賊可防，內賊可防不了，據我所知有

些台商會計、出納，以偷天換日方式，取走現金，甚至要脅不能報警，有些台商基於面子，咬牙忍著，放棄追訴。道高一尺，魔高一丈！台商還是小心為上，能夠由自家人處理，那就更好了！

　　以上僅僅是我個人的經驗，順手寫出這篇報導，有什麼謬誤不當之處，敬請不吝賜教！

第四十二篇、哈爾濱好友的遭遇

在珠海的業務員介紹了一位楊姓親戚，高大粗獷，哈爾濱人，皮膚黑、鼻孔大、大臉龐、髮邊帶點捲，遠看有些像黑社會老大，說起話來，一口標準普通話，與北京話帶捲音不一樣，聽起來特別順耳，據說北京話真正的來源是東北。楊先生原在哈市是公安人員，派駐珠海，監督查緝通緝犯。東北人好客，東北地區以中藥材著名，楊先生在別人慫恿之下，利用祖傳配藥，在澳門開了家藥廠，生產的藥，專治鼻病，有個兒子在旁協助。每次我去珠海，他總是呼朋喚友同聚一堂，喝酒不醉不休，我感染到他的豪氣，直話直說，讓我原來跟大陸朋友吃飯喝酒，總是小心翼翼，從此之後，也採用他的方式，反而交到許多大陸朋友，跟他吃飯，喝到後來，沒了心防，特別暢快，心情也舒坦多了！看過他的澳門廠，非常簡陋，只有他們父子二人知道配方；我也想幫助他們推廣市場，但台灣藥品檢驗特嚴，很難推動，大陸銷售也有限，雖然經過許多人的參與推動業務，幾年之後仍無佳績。有一次他跟我調度資金十萬元，當然朋友總有通財之便，經過了解，打了條，匯錢給了他。不到一年，他兒子有一晚喝了酒，沒帶鎖匙，無法開門，就想從同排女友家的陽台跨越過去，不知是喝了酒還是抓不住牆面，不幸滑了下去，從十樓摔下，當場斃命；老爸當然痛不欲生，究竟是白髮人送黑髮人。在大陸死亡不能超過三天，就要火化，他親人遠從哈爾濱到珠海，弔祭之日，朋友來的不少，家人悲慟萬分，但哀怨怪罪之聲，此起彼落，家務事也只有他們知道，外人無法理解，最後骨灰送回老家安葬。在大陸朋友中，楊先生是我最了解的，也知悉他的家庭、事業、親屬，眼看其兒子的死亡，覺得是有些悲泣，雖不似台灣的朋友，

與其相交三年，已是知己朋友。記得有次酒宴中，楊先生知我只有女兒，問我有無乾兒子？提出讓我認他孩子為義子，我們定下了日子，正式行禮，沒想到，日子未到，發生了墜樓事，這是件令人遺憾的事，他失去了寶貝兒子，我也認領義子不成。是命吧！還是無緣呢？

事情過後，楊先生沒了幫手，業務難再發展，於是變賣了！至於我的借款，他一再保證只要能賺到，一定歸還；我深信朋友所言，幾乎所有他的朋友都知道他欠我錢，他都會介紹說我是如何如何幫助他，真正想賴帳的人，會跟所有朋友說這事嗎！我交了朋友，認了知己，本來好朋友就有通財之義，何況他是真有困難。

他喪子之後，我從他朋友口中透露，事發那天跟他老爸為了錢起了些口角衝突，心裡不舒服，就喝了酒，究竟是跨牆滑落還是從自家陽台意外摔下，就很難猜測。這事我也找過台灣的靈媒，據說楊家祖墳多年沒修，有流水入墓，我也直言告之，請其回鄉看看；後來他告訴我是真的，他要回去整理；珠海他是待不下去了，借此回到家鄉，有一份退休金，每月幾千，足夠生活。他是憑其家鄉的關係，作些貿易，至今尚無好的發展，只是不再虧錢了！

大陸人仕，在國家經濟開放後，每個人都有追求金錢的慾望，只要有機會都往廣東地區發展，成功的也不少。像楊先生也是一種案例，他不但浪費十年時間在珠海，失去了生意，也失去了兒子，得不償失。我曾問過他，後悔嗎？他倒是很坦白說，人生就是如此，只是沒了兒子，是萬萬想不到的結果！不過交了許多好朋友，這十年也算沒白混了！唉！還真是豪爽的人！祝福你，我的好友。

第四十三篇、可敬可愛的中國姊姊

　　昨晚在網路上看到一篇報導，是農家姊弟的故事，家境不好，只能供一人升學，姊姊功課好，讀完高中、高考進大學，嫁了位好老公，結婚生子，長住城市，生活美滿，不時也返鄉看看爹娘，弟弟沒能升學，學了技術，常為了姊姊的面子花錢出力，整修屋子。老公當了總經理後，希望弟弟能到公司擔任維修內勤，姊夫是內舉不避親，弟弟則為了維護姊夫立場，寧可做外勤維修。某一天，不幸摔下電桿，受傷躺在病床上，仍處處為姊姊著想，有這麼個好弟弟，怎麼不讓人感動！姊姊只能暗自流淚。

　　我在大陸20年，讀到這篇報導，感受大不同，因為接觸過很多來自農村的姊姊，不論她的工作、職位是那種，以來自農村的佔大多數，可沒這位報導中的姊姊那麼幸運；聽到的，知道的，絕大多數，都是為了弟弟能夠上學、讀書；尤其在父母重男輕女的觀念下，放棄學業，盡早走進職場，初中一畢業就外出打工，甚至有些連小學都沒畢業，已在家中燒飯協助農忙。早年出外打工，當然往廣東走，每月工資在500~600元，現在工資都在3000元左右。一般工廠大多管吃管住，為了省錢，一元錢都捨不得花，領到錢，全數寄回；最喜歡加班，因為加班費可留點自己用。偶而星期日，同夥一起出外逛街，看到花花綠綠的衣服，標價只有幾十元，也捨不得買，吃零食，少之又少，在她們這種花樣年華的少女，那個不愛美？為了省錢，怎有可能花大錢買保養品及化妝品，我問到的，聽到的，家中都有個弟弟，而且弟弟往往是年紀最小的（生到

男孩為止），說是私心也不為過，家中資源全給了弟弟享用，這樣的姊姊，難道不偉大？而且我所知道這類姊姊相當多，有二位姊妹出外打工，維持家計，養成弟弟；如果到農村調查一下，這種無私的姊姊人數，絕對是多數而不是少數，比率可能佔90％以上。報導中那位偉大的弟弟，1％都不到。那10％的弟弟，成長後對幫助他，資助他的姊姊有報答嗎？有感恩嗎？告訴你們，很少，很少；分家產時，女孩一個錢都分不到，全是弟弟所有！！姊姊們只是站在一邊看，如有異議，還會遭受長輩責備。下面我舉一真實例子證明我所說的：

在我鎮上有沐足店，技師姊妹二人，來自四川貧困山地農村，因為經常光顧，點她們上鐘，沐足時我也喜歡問她們來歷，熟了，她們也放膽子告訴我家裡環境困苦，她們姊妹二人一位初中畢業，一位沒畢業，父母要求她們到廣州打工，支助家中困難，路可遠了！從家裡走路30分鐘，才能坐上大巴，二小時到成都，再坐火車一天一夜30餘小時到廣州（當時可沒高鐵，為省錢搭的是慢車）。經人介紹到了沐足店，還要繳300元教育費，半個月後才能上鐘，剛開始光是十個手指關節，就有九個腫大、長繭，二隻手連吃飯拿筷子都舉不起，還發抖，有時兩姊妹相擁傷心痛哭，想起白天打工夜晚抱著棉被留著淚，一則偶而受到客人動手動腳委屈了，二則肉體肢節傷痛，三則想家想父母，小小年紀15歲而已，為了弟弟出外打工，在未成熟的心靈肉體上，創傷很深。

她們每月工資全部寄回，只留下100元零用，難得買些零食居然是三元錢很辣的康師傅泡麵，唉！悲哀！！如此也過二年，他妹妹可不願再寄錢，這位大姐仍是全心照

顧家裡，同意她妹寄一半，她仍全數寄出；有一次大雨，老家屋頂漏水，老房子快倒塌，父母要她寄三萬元回去，改建房屋，她只好四處借，湊到錢寄回家，家裡改建的是二層樓，當然她又開始省吃節用還款，這樣過了三年。記得有一次她回家省親，有首歌名「回家看看」讓外省打工仔聽了感動極為流行。她會暈車，居然在返回廣州的火車上，暈了一天一夜，到站時所有東西都被人拿走，哭得叫同事去車站接她，五年才回家一次，落得如此下場，真的命苦！

又過了一年她那位寶貝弟弟高三畢業參加高考（台灣旳大學聯考），成績不錯！居然在城鎮高考工程組考了個榜首，這下可好了！要到上海讀交大，費用高達五萬元，除了鄉鎮給了獎金及輔助款，剩下的又是這位大姐想法子，又是借錢、匯款、還款。再過了二年，沐足不做了，跟了位同事到成都開牛仔褲店，她還是打工。弟弟四年的學雜費，還不是由他盡量補上差額。她在成都如何呢？起初因無通訊，不知其狀況，去年她突然打電話給我，幾次電話中聊下來，才知道家鄉地震受到影響，樓房因質量不好，震倒了，弟弟畢業後分派到成都設計院當工程師，而且很早結了婚，父母顯然希望早抱孫子啊！

我問那妳結婚沒有？

沒有！

為什麼不結？

年齡25了，相親幾次也找不到！

妹妹呢？結了婚在廣州！

家中父母誰照顧？

仍是我！

做何打算？

幹一天算一天，想開店沒錢！

唉！打了10年工，仍是孤單一人，賺得的錢，全給了家，給了弟弟學費，年齡大還不容易嫁出去，將來呢？

在城市，沒積蓄，沒有錢，沒有房，也就沒有未來。終老返鄉嗎？有可能！未來之事，誰又知道？

讀者們請批判評定一下，這種姊姊偉大嗎？在大陸可多著呢！

第四十四篇、海峽兩岸冷凍空調學術暨技術交流會

　　兩岸冷凍空調界早在1992年，經過兩岸冷凍空調學術界及空調界的努力，組成海峽兩岸冷凍空調學術交流會，每二年舉辦一次，每次輪流在兩岸舉行，2013年8月第十一屆交流會在大陸大連市理工大學國際會議中心舉行。

　　23日晚40餘位台灣學術界及台商分別自台灣或大陸飛到大連市，大連市是濱臨渤海灣的美麗城市及港口，不僅是商業城也是工業重鎮，更是深水軍港，與旅順同時被國際號稱第五大良港。當晚由台灣冷凍空調工程技師全國公會楊蘭清理事長帶領的各界會員抵達大連市，發表論文。參加者有工業技術研究院胡耀祖副所長、江旭政、余培煜；能源同業公會陳輝俊理事長，冷凍空調技師公會趙文華、鄭聰哲、蔡坤財、李榮能，國立台北科技大學蔡尤溪、李文興、簡良翰；國立勤益科技大學駱文傑、吳永烈、管衍德、蔡貴義、邱永興；冷空業界李志鵬、張靜怡、林金童、張立山、李政平（如有遺漏敬請諒解）。

　　大陸出席學術界的要員有制冷學會胡汪洋副秘書長、吳德繩、肖大海、劉挺，各知名大學教授徐慶磊、徐士鳴、費繼友、蘇風民、張力、楊春光、馬國遠、黃翔、彭業欽、周楚、賈祥欽、程有凱、李紅旗、孫哲、蘇風民、李秀辰；知名人士冷凍空調業界有李郁、董麗萍、韶明、董德智、王永、吳延平、宋強、陳君、陳洪慶、洪星、魯伯鑫、陳宗范（如有遺漏敬請諒解）。

　　台灣團隊特別在23日空閒之日，遊覽了大連市及旅順港，並到星海灣廣場觀光，星海廣場是填海完成的新生

地，高樓建築雄偉，看到如此美的環境，有些台灣朋友發出讚嘆之聲，這大連市還是遼寧省第二大都市，其他一級市就更不必去想，應該更加繁華。順便帶一筆，這些建設，大連市民大多會說是薄熙來當市長時的魄力改善，但這幾天薄市長卻正在山東濟南法院被審問，唉！政治人物能否始終如一？還是？此一時彼一時很難有一帆風順的。經過大連市濱海路，全長3公里，彎彎曲曲，是碧海連天，與青山、林木蒼翠的夾道，風光明媚，美得令人叫好！

旅順港只准國人及港澳台同胞參觀，其他外國人是不准進入，其中東雞冠山，是日俄戰爭遺跡，也是中國人的恥辱，日俄不論戰勝戰敗，東北仍是被瓜分，真是歷史悲哀。俄羅斯風情街，有部分俄式建築物，就是多年前興建的，被保留下來，有許多俄羅斯產品商店，各色各樣，但究竟有多少是俄國生產的，我看絕大多數是仿冒品，巧克力糖及香煙大概假不了！買了些送人。最後到大連理工大學校園內走一遭，大連理工將近3000畝校園，師生人數接近6萬人，號稱東北第一大學，當之無愧，其中以機械系最有名氣，近年以偏重航海相關科系為主。

晚餐時大陸學者及制冷學會全到場，大家以自助餐完成第一次聯誼，吃的東西真不敢恭維，鹹度高，煮得硬，還不如東北口味的小米粥及花卷，填飽肚子就好！客隨主便吧！

23日報到後，開始研討會，兩岸的理事長、學者、大老、在上排排坐，輪流發言預祝會議成功，大陸代表是制冷學會副理事長孟慶國，台灣代表是楊蘭清理事長，分別由兩岸學者主持，再作學術報告，開幕會議完，立刻到戶

外列隊照相留念，大夥在列日下，再次完成兩岸冷凍空調界歷史一頁。

　　學術討論中有一段由勤益大學駱文傑院長報告，介紹勤益大學幾張PPT晃過去沒啥印象，會後我曾跟他說，為什麼不介紹你們學校前身？因為前身董事長張明先生成立私立勤益工專，經營多年，台中市政府欲將其升等改成技術學院時，張明先生毫不考慮把所有資產捐給政府，變成國立勤益科技大學，繼續延伸成長，這種精神比美歷史上武訓興學，如果能利用學術會的時間，向海峽兩岸學者作一番報告，不僅可以讓大陸學者了解台灣張明先生的偉大，也加深他們對勤益科技大學印象。尤其大陸這幾年經濟成長迅速，除了國營、股票上市公司外，有些賺了大錢的個體戶，莫不為提高自己聲望而改變，不惜巨金投資蓋學校，因為土地是免費、辦學校所得也免稅，學校招生後，不但不虧本反而賺大錢，結果是名利雙收。大陸私立學校會有人把自己學校免費捐給國家社會嗎？好像還未發生！因為這些學校，可是個個金雞母，會生金蛋的，怎麼會那麼傻去捐獻！所以台灣張明先生無私無求興學的真人真事，可以在海岸兩岸大肆宣傳，台灣學術界有的，大陸不一定有啊！！

　　陸續發表各種論文，尤其海峽兩岸冷凍空調技職教育概況的說明，增加了雙方認知，三位教授分別說明中國、台灣，國際冷凍空調產業現況及未來發展分析，其中北京諮詢公司彭匯總經理，分析國際行業PTT資料完整，值得參考，市場分析非常精闢，尤其對東南亞國家進出口成長分析與事實相差不多。開完會聚餐，開出十多桌，杯酒盤菜無數，盡情喝酒，敬酒，兩岸人員感情更加交融，有些

喝醉，各種有趣動作，也時而發生，中國人在酒席中最容易提高友情及關係！這也是中華固有文化，要免也難！

第二天因論文太多，就分成二組，27篇居然要在上午完成發表論文，因時間太短，發表人無法盡興說明，聽講人也沒時間提出意見討論，如果能多個半天，會更加精彩，更能提升技術交流。我聽到的論文研究有些太草率，根本是濫竽充數，似乎沒有研究只有抄襲，把資料弄錯的都有，結果因時間倉促也沒人提出異議了！

有一篇是正裕科技工程公司林金童及蔡尤溪教授聯合發表的〈洞道超高壓電纜自然冷卻「潛能探討」〉這篇論文非常實際，在台灣也從未做過的工程，大陸更無先例，經過他們深刻研究規劃設計，最後圓滿達成目標，值得學習讚美。其他有些論文也相當不錯，因篇幅之故，不再細述！如有需要可以到各技術公會看到厚達500頁的論文集。下午我們一行百餘人，參觀大連冰山集團，王靜總經理親自帶領，看到往復式、螺旋式壓縮機製造過程，及冷凍機主機組裝，及相關配件冷風機等製造，冰山集團也是全國知名特大型優良冷凍製造廠，大家收穫頗多。晚間大連冰山集團在廠內邀請大家聚餐，算是兩岸再度把酒言歡，會後大家互道晚安，後會有期！二年一度技術交流會就此結束，明日各奔前程，二年後在台灣台中市勤益科技大學相會，延續這兩岸可貴而源遠流長的學術、技術交流會議。

第四十五篇、另解錯誤的政策甚於貪汙

我們早期台商為了生活上的方便，常想辦法自台灣進一些家用電器，像大同電鍋，東元馬達，還有其他各種各樣的電器。當時台灣人可以帶免關稅的三大件、五小件，只要用得上，就毫不考慮，在香港買了提單進大陸。甚至在進口原料貨櫃裡，放些自用家電用品，既便電壓不同，110V及220V之差別。當時大陸也有各種國產電器，實在不敢恭維，外觀不美，質量太差，很容易損壞、維修不便。隨著國內經濟成長變化很大，許多外商進來投資電器廠或技術指導合作，譬如來自日本技術的美的，韓國LG、三星等等，國內代表廠有海爾、格林、TCL等等。日本是最早到中國做生意，帶了許多商社投資，賣生產線及技術，逐步在大陸形成區域式生產鏈，如廣州順德、天津工業區、山東青島、上海松江、江蘇昆山等地。國外廠家以先進技術及品質管理，很快在市場佔有一席地位；尤其中國人心理比較崇洋，更助長了外國名牌的推廣。國內廠家也不甘示弱，模仿能力超強，很快就加強品質，提升技術，創新產品；市場也出現代理代銷的行業，加上地方政府全力支持配合，國內廠家同樣爭到一席地位，像海爾、TCL、格力都具有很大技術潛力。中央政府為了鼓勵帶動經濟消費，支持擴大廠家生產、銷售，第一次提出全國軍公人員（將近6000萬人口）每年加薪，增加的薪水，軍公家庭最想購買的都是家用電器，造成部份家庭電器化；第二次全國電器推出以舊換新的推銷術，更新的電器，節能省電，新技術、新產品，很快普及；第三次農村電器化，以舊換新外，還來個折扣價。三次促銷，使得所有電器廠的生產線不斷擴充，還分別到各地投產，增加就業率，電器普及

化；大電器廠與各大賣場合作，成立連鎖促銷，直接銷售如國美、蘇寧、格力空調等。這幾次政策配合，市場變化，形成大者恆大，小者恆小，也淘汰了許多小廠，各家市場佔有率，年年異動。龐大的內需，促進廠家大量生產，降低了生產成本。我記得有一家格蘭仕，開廠時十條生產線，專業生產微波爐，初銷歐洲時，銷售價格只有當地市場的一半價格，質量也不差，很快在國際佔有大半市場，這種大量生產降低成本，變成國內製造業的趨勢與作法；質量之改進創新，在內銷中逐步把技術品質提升，因內銷而轉外銷，到了外銷時，品質已無問題，小故障更是少見，質量均達國際標準，尤其在大陸二級三級以上城市都有維修店，只要一通電話服務就到，服務完，收費後，核查單位還會打電話訪問服務狀況，滿意嗎？服務員收了多少錢？一一查詢，客戶因此受到關心，感覺滿意！有次我家的電視請他們來維修，維修員修好了電器，看他汗流夾背，忍不住會給些小費，他也不敢收，只說聲謝謝！良好的服務，增加了國內產品之購買慾望。以上所說部分來自報章雜誌的報導，部分是我親身體驗；我不敢說看到了大陸電器界的全貌，至少八、九不離十。但是早期台灣電器廠商，一家都沒有來大陸設廠，也沒有機會參與二十年來電器產品在國內市場的競爭。大陸13億人口在30年前開放時，家庭有電氣用品的幾乎是零，由無到有，這是多大的市場？居然我們台灣的股票上市電器廠家，沒有一家參與，這麼好的機會，可由大陸內銷變成國際品牌，多好多快的管道捷徑，能怪誰？20年來，台灣政府政策封閉，對大陸採取戒急用忍的閉關自守結果，反害了這些廠商，沒來的台灣廠商業務逐漸萎縮，甚有甚者，到了難以維持的地步。那一天大陸電器產品能銷往台灣時，台灣電器廠家

根本無法競爭；據我所知，在東南亞各個國家，台灣原本占有一席之地，也逐步被取代，銷售率明顯退縮！

　　曾有東元一位廠長，跟我閒談，十多年前，響應李前總統鼓勵南進政策，到印尼投資十億元設廠，結果不了了之；他說如果南進改為西進，他們至少在大陸也能與日本美的、韓國LG、中國海爾，一較長短，台灣電器廠牌也就可能躍昇，成為國際品牌。我舉一個韓國小製造廠LG為例，就是早早進入大陸天津設廠，我曾去參觀，導覽人員很客氣說LG的空調家電技術是來自台灣，說得我們來自台灣空調技師們汗顏得很，為什麼是台灣技術培養的LG，在大陸縱橫十多年，現在已變成大陸品牌，甚至已進入國際名牌電器廠，這不就是說明了台灣政策的誤導，錯失了進入大陸發展的後果，韓國LG規模之龐大，台灣所有家用電器廠產量合起來，也達不到LG生產量，可悲！萬分遺憾之事也就因為政治領導人錯誤的觀念政策，喪失了台灣企業的生機，也造成台灣企業的危機！但時光荏苒，最佳的競爭時機也過了，沒有參與的人仍然沒變，參與的人至少分出了優勝劣敗，至少優勝者榜上還有排名，台灣電器在大陸賣場幾無蹤影！國際市場上也未見排名！良機稍縱即失，台灣的舞台太小，難以發揮，失去大陸如此龐大的舞台，要再急起直追，已無可能。眼見那些大型製造廠在國際如何揮舞，台灣電器廠家只能在舞台下面看戲及鼓掌份兒，還有上台表演的機會嗎？

　　大陸台商也有生產電器，是以小電器為主，如燦坤，燦坤能有今日，完全是在大陸發展出來的，最後回到台灣賣場。有些電子行業，也想作成連鎖3C賣場，行嗎？仍是小咖，無法與那些大咖相比。倒是有一家小電器商，專

做電風扇，由深圳某位台商企業經營，因管理優良，產品開發不斷，內外銷逐步增大，算是我們台商中做小家電的佼佼者！雖說心有多大，舞台就有多大，那只是條件之一而已，事實上環境更為重要。僅有主觀的心境，只能游於河川，要有客觀的環境，才能使無限的心境，發展成至大至深的境界，才能縱一葦之所向，縱橫千里，悠游於廣大無限的海洋。台灣人的聰明、智慧、發展、創造、應變能力，吃苦耐勞的獨特性格，在台灣幾十年的發展中，再次獲得印證，功力之強，有太多的真實的例子可以見證。這些都是早年政府正確優良的政策推動與鼓勵，激發出的民間無窮無限的能量。台灣藏富於民，也藏智慧、能力於民。水能載舟亦能覆舟，經國先生逝世之後，政府的政策只有近利而無遠景，更不見百年大計。貪污令人不恥，但是錯誤的政策有甚於貪汙，當為政者在騙取台灣善良百姓的選票之後，都在想些什麼？做些什麼？讓台灣變得如此不幸不堪？

第四十六篇、亞洲聯盟的構思

　　美國在北中南美洲，鶴立雞群，掌握了經濟、政治、甚至掌握軍事的主流。雖然有古巴、委納瑞拉等反美國家，究竟無法發生作用。態勢也就如此維持不斷，看不出會有戰爭，也看不出分裂。加拿大也是個大國，卻依附美國，在任何國際事務，都跟隨美國，採用一致的行動。有趣的是，美國有52個州，每個州像是歐盟中的獨立國家，交通便利互通有無，每州有獨立的州法律，對外則依據憲法，完全聽命中央聯邦政府，州法律及憲法是每個國民、每家公司都必須遵守，一切依法運作，才會有安定富強的社會。

　　歐盟集結了許多國家，以德國、法國為主，在經濟上成立經濟圈，國與國之間沒有關卡，相互聯通，有通用的貨幣，國民往來非常自由。近年來，希臘、義大利、西班牙等國發生嚴重的經濟問題，經由歐盟的內部團結、國際支援，衰退不景氣情況似達谷底，歐洲聯盟似乎已逐漸復甦、穩定之中。

　　亞洲各國，因常年積弱，在過去百年，亞洲因被歐美日帝國侵略，造成許多殖民地，這是非常動亂的時期。第二次世界大戰之後，各國紛紛獨立自主，但內部仍然紛爭不安定。中國在俄、日、歐、美等列強近百年的不斷侵略，又經歷了八年的對日抗戰，再經三十餘年的共產鎖國，於七〇年代中，以開放政策，與世界資本主義國家接觸興起。日本在明治維新之後，加入了帝國主義的侵略惡行，以武力佔領、欺壓亞洲各國，對善良的各國百姓燒殺

擄掠，在亞洲老一輩的人民並沒忘記日本不人道的軍事侵略行為。其間中國傷害最重，戰後既無任何賠償，也無悔悟，也無道歉。最近日本為了東海海域及釣魚台，不斷升高對中國的挑釁，在經濟難有進一步發展下，改向修憲、建軍等，訴諸民粹主義，似有二戰前軍國主義的復辟趨勢。幸而亞洲有中國自開放後，不論政治、經濟、軍事皆能大幅進步，有效嚇阻了日本的囂張。

日本雖有美國軍事協防，但不得不考慮中國大國的興起，只好在亞洲各國宣傳中國大國崛起，會影響各國的安危，實際這只不過是掩耳盜鈴的行為，以日本經濟及軍力，可以在三年內提升軍備武器，超越中國，到時以日本國民的服從性及右派份子積極推動下，只要有一位侵略野心的政治人物贏得政權，難免不再藉故軍事干預，甚或藉故出兵侵略，這時再加美國軍力的協助，亞洲各國又會遭遇二次大戰重演！我國人會再次受到日本侵略壓制嗎？不可能！日本想要像美國在美洲一支獨大而統治亞洲這更是不可能的！因為島國民族，心眼小、內心狹窄，不會有大格局想法及作法。只有中國才會像美國一樣，有人才有經濟支持，軍力也不差，所以美國想法差之太多，不但不應支持日本，美國應該加強與中國的合作，支持中國崛起，才是安定亞洲的力量，也符合美國利益。不要讓鷹派一昧支持日本，想成就日本在亞洲地位，實際反而是與亞洲各國人民為敵，得不償失。

民間有種說法，以中、日兩國地圖形狀比喻兩國今昔：往昔中國是一片秋海棠葉，日本是隻蠶，多年來被日本蠶食；外蒙古獨立為蒙古共和國後，中國版圖變成金雞圖形，日本仍然是隻蠶，金雞虎視在旁，隨時可以啄食餓

矗。今日綜觀兩國形勢，中國的確金雞獨立，日本難再有復辟侵略的行為。中國興起，如何帶領亞洲走向歐盟模式，以維亞洲和平，繁榮亞洲，竊以為：

第一、先安內！中國要成大國，先要有絕大的在國內的內聚力，法律必須徹底執行，讓中國人民在法律前一律平等；經濟發展普及鄉村城鎮，全民教育提升知識；推行社會保險，使幼有所養，老有所終；制度公開化，政治透明化，政府被信任，社會和協，人民和樂團結。

第二、綜觀中華民族歷史，民間有一假設，公元前秦始皇，統一天下後，如果採取今日歐盟制度，則不會有漢唐宋元明清朝代更迭，戰爭不斷的局面？二千年中華民族的歷史，又是如何的發展？其主要的出發構思，想是中國地方太大，地形阻隔，統治太難，明君太少，和平盛世難久，不如各自獨治（非獨立），自然和平相處。因此構思的第二點是讓各省在不同地理環境，獨自的民族習性下，發揮最高協調合作力量，形成安定和平的社會，則疆獨、藏獨、甚至台獨，也就不攻自破了。

第三、學習鄭和下西洋，到各國拜訪、協調、援助，當年明朝不像歐洲列強，派軍隊去治理去殖民，完全是友好宣揚國威，將明朝優秀產品送給各國各地人民，這是最好的國際宣傳，中國歷史上只有隸屬而無殖民，所以中華民族歷代都是愛好和平的。

中國與亞洲各國成立東協十三國，是件值得歌頌的作法，應該是未來亞盟之先趨，在東協穩定幾年後，也更應開放更多國家、地方參予東協，繼而導致亞盟成立。

第四、以中國禮運大同篇（天下為公世界大同）、孔孟思想，去軟性柔性向各國推展中國的和平理念，號召各國優秀青年到中國學習，歡迎在中國工作，學習中國人勤奮、和諧、尊老、護幼，固有優良文化。

第五、國際上與美國協調互信、互利，消彌美國政界各階層的疑慮，透過美國僑社團體去運作影響，讓美國人民相信中國是愛好和平的國家，是一個和諧而能領導亞洲的大國是不會影響或破壞美國的利益。

第六、構思制訂亞盟條款，必須與幾個經濟大國共同合作，如日本、韓國、澳洲、新加坡……甚至如香港、台灣……。先有雛形再漸次變成細緻的條文，逐步推動，逐步吸納各國，產生一致想法，相信亞洲聯盟不會輸給歐盟，而且亞洲弱小國家，極需經濟發展，中國是最好的模式，也是帶動領導的主要力量及源泉。

以上僅僅是一名小小台商的想法，不成熟的建議，因為這麼多年來，我在中國，看到聽到，人民多希望中國在國際從默默無名的地位，站上世界大國領域，如何更能安定發展，提升更高的國際地位，當然小台商能有多少力量及思維意見，人微言輕，只有藉此拋磚引玉，希望有為者皆能挺身，共同努力，向目標前進。

第四十七篇、新塘鎮大敦暴動

　　前幾年發生的暴動事件，是讓鎮民及台商真正親眼看到暴動實況，影響新塘未來的管理，計畫中的新塘是要建立成大新塘鎮，把幾個永和、寧溪等鎮納為廣東省內最大的鎮，經過五、六年，結果鎮變大，官變少，在僅有的人力很難應付特殊狀況，去年年底也因大敦暴動事，又將永和及寧溪鎮劃出，另成立了永寧街道辦，合久必分，分久必合，但也不至於那麼快，所以行政想法未必是一定正確的。以下據我所知所聞，看到的說出這件奇怪的暴動。

　　大敦村有許多村民以家當工廠，做些牛仔褲零工，僱用勞工大多數是四川等外地人；雇工不好請，都是合作多年，與村民感情相融，事發的主因，有對四川夫婦，太太已有身孕，在街邊擺地攤賣東西，有位約聘的市管人員，不滿意他們沒繳保護費，禁其設攤，並要沒收貨品，與她先生起了衝突，推擠時不小心將其太太推倒，受了擦傷，另有一說被推流產，送醫院急救，先生則被抓進大敦公安所，四周圍看熱鬧的人不服氣開始叫罵，並用手機傳來了許多四川老鄉，開始圍住公安所要求放人，這時部份村民也聽到傳信，認為四川打工仔吃虧，公安人員過份，也加入人潮助陣。公安見勢只有往上請求支援，人群越圍越多，有人拾起石頭丟向公安所，玻璃破了！於是群起仿傚，砸向警察，砸向路邊的汽車、公安車，甚至推翻點燃公安車，事情越鬧越大，等各地支援的公安人員趕到時，群眾早已衝入所內，於是鳴槍警告，開始抓人，估計有百多名全關進公安所內，四川人最多，村民其次，小部份是其他省份打工仔，經過登記後。第二天一早，應村長要

求放了村民，其他仍留在牢裡。這情況本來僅僅是在附近發生的，也沒多嚴重，事發後，鎮裡認為事屬大敦村公安所管轄，既然搞定了，沒往上報。被關的四川人認為不公正，打了許多電話信息，當天晚上從深圳、東莞引來了更多的四川打工仔，於是這人群越集越多，公安所這頭完全無法招架，車輛翻倒，進入公安站放了被關的四川人，還有人運來了一卡車磚石作為武器，準備大幹一番，群眾已瘋狂，從104國道向新塘鎮鎮中心走來，一路又叫又喊，最令人擔心事也發生了，延路停放的車輛，暴動民眾只對雙B車（奔馳、BMW），毫不客氣將玻璃窗砸碎。似乎是對貧富不均的洩恨，發洩在車種上，開始到處破壞，像有人乘亂砸了大潤發門前商店及部分店面也被砸破，搶了貨品，勢發不可收，亂民開始這時分批到各處打砸，公安也無法及時控制，人多又分散，警力不足，已難控制。有位台商自餐廳出來，被一塊飛石正好打中耳朵，受傷流血，自行駕了車到醫院急救。情勢緊張，危機四伏，許多住戶自窗口看到火光，暴動亂民四處叫嘯！商店紛紛拉下鐵門，路上行人趕緊走避，一時間的城市成了空城，任由他們施虐放火。

這一晚是新塘有史以來最慘的一晚，各地支援的公安究竟人數少，無法抵抗暴民，鎮壓暴動的經驗又不足，任由暴民到處放火搗亂。夜更深了，暴民也累了！就分別自行散去，黑夜籠罩著大地，正象徵暴民的可怕！次日，知道不能掩飾遮蓋，趕緊上報後，廣州市派出真正鎮暴武警部隊，整車整車運到新塘鎮，經協商後住進頂好大樓地下室，全鎮開始戒嚴，各村公安人員分別告訴我們商家工廠，晚上不能讓員工外出，尤其是四川員工，每個村、每

條路本來就有自衛隊,也擺上鐵欄圍住街頭,每人拿了棍棒鋼管,以防爆民衝進區域內,並要求工廠門衛,要當心不法人員竄入,並隨時與公安所保持聯絡。我們也配合下令廠內停工警戒,廠內有一名四川人,我問他有接到電話嗎?他說昨晚就有,他沒去!說他們胡搞。台幹們全體留在廠內以靜制動,增城電視也播出事情經過,播出那對引發事端的夫妻在醫院靜養,孕婦沒有流產……(但有些人傳說那對夫妻換了人了),四川省書記也親自到了增城電視台,向四川老鄉呼籲不要亂來,沒事了,請你們回到自己的崗位,別聽信謊言,不要參予暴動,一再循環播出,看來真的是大事嚴重了!出動武警,可不能等閒視之,有鎮暴裝甲車,每人荷著步槍,上了實彈,身穿防彈衣,動作一致,一看是經過嚴格訓練的,分別在每個街頭守著。消息傳說,四川暴民揚言要放火燒學校及賣場及政府單位,所以這些據點也站上許多部隊,要求趕緊開走原停放路邊車,餐廳全部停業,接近傍晚後,路上完全淨空,沒車沒人沒有霓虹燈,只有荷槍的部隊、鎮暴車、消防車、救護車待命,原來熱熱鬧鬧的街道,變成死寂鬼城,台商頂好公司支援武警,他們住頂樓,向下看一目了然。夜幕低垂,少數暴民出現了!又是一陣騷動,槍聲響起,每個地方都有小小衝突,有了武警很快制止暴民流竄,時有聽到救護車呼啦呼啦送傷者進醫院。聽一位台商說他正好在醫院,看到人很多受傷民眾送進急救室。夜更深,聲音更靜了,隨著時間流走,再沒有大事發生了,天又亮了,這夜算緊張中平安度過。鎮上又開始車水馬龍,只是某些街口仍有少數武警戒嚴;工廠開了工,商店也開,不能不做事,也不能不賺錢!一切又恢復了!當晚仍有戒備,只是沒那麼嚴重,過了幾天武警撤走了。電視裡又重播,報導

無人死亡，無人受傷，似乎與事實不符，台商被人打傷耳朵，台灣人比例很少很少，住進醫院的可不少！當然為了要安定地方情緒也只能如此說，這場暴動就這樣落幕。新塘鎮書記、鎮長二人調走查處，當然他們二人應負最大責任。不論情況，後續如何發生？新塘鎮也就把這次暴動隨著時間淡忘了吧！

有位高級警官跟我說的，與電視及所聽到的大致相同，唯一他覺得遺憾的事，十年前當公安車到了出事的任何地點，圍觀的民眾大多拍手叫好，如今公安車到了現場，沒有掌聲是一陣噓聲，民眾對公安的信任與尊重，不再如從前，原因何在？只要問問村民，不難知道個中原因了！

第四十八篇、中國人愛當兵

「好男不當兵，好鐵不打釘」，自古父母都不願意讓孩子去當兵，每逢招兵，經常兵源不足。

記得自小在台灣聽到誰家小孩要去當兵，全家愁雲密佈，家中氣氛落到最低潮；當兵那天，家中扶老攜幼到車站送別，母親更是一把鼻涕一把眼淚，好像兒子要去遠方不知何時能回，要是訓練中心開放探親，那訓練中心前面一定車水馬龍，大家擁入看看自己孩子怎著呢？相見時一樣相擁淚水橫流，交給家中好吃東西，要他快快吃，這是親情、母愛表現得最為感動的時節。

在大陸待那麼久了，也有些軍人的朋友，好像與台灣完全兩回事，當兵可是很難的事！高中畢業生要百中挑一，不僅身體要甲等，成績優秀，最重要的是品行優良，家世清白，成份要好，如果家人有了不良紀錄，那就絕無機會！如果人應徵的多了，這時就各顯神通，地方政府都有幾位後備軍人主官相當一級官，主導其事，操有生殺大權，常常是個肥缺，被選中了父母親會在家中放鞭炮，鄰居、親朋好友都來道賀道喜，據悉有些家庭還會發紅帖慶祝入選，收些紅包作為孩子盤纏。出發當天，村裡還讓他坐上卡車，斜背紅布條，前面打鑼敲鼓，後面燃放鞭炮，繞鎮上一圈再到集合地點，點名上軍車，當然家屬也是萬般不捨，但流下的眼淚是為兒子、女兒高興。海峽兩岸當兵，可是截然不同，人多兵少，選中的都是佼佼者，二三年後返鄉，地方政府在過去都會安插適當工作，當過兵成份更好，就是找事情也容易，尤其外商公司的門衛絕大多

數是退伍官兵或武警。當過兵的，一般水準高，做事負責任，往往是台商器重的對象，經過數年升到總務行政部門，擔任主官的也不少。我曾雇用一名英文翻譯員，程度在中上，私底下跟他聊起當兵事，他表現得忿忿不平，甚至非常厭惡，說起種種弊端、不公平之事，痛恨不已，他說他是為了愛國從軍，認為軍隊是應該非常好，像電影裡演的，奉公守法，愛國愛民，不循私，不護短，沒想到壞事都給他看到了！雖然光榮的從軍，卻失望的退伍！這位翻譯員，或許是個例外，也或許是個個案，誰知道？因為也無從深入了解！

第四十九篇、台商慘遭劫殺

有位台商是專做電子工廠的空調工程，在台灣台北市內湖地區，早已經營多年，特別被電子公司的工程部青睞，生意也特好。十年前電子廠到大陸設廠，很自然的要求服務好，工程質量好的工程單位配合，到大陸承包空調工程。他第一個工程案，就在廣東省中山市，因人地生疏，擔心大陸制度，就多方請教。採購保溫材料時找到我廠，過去在台灣他聽過我講授的課程，於是問我許多在大陸做工程應行注意事項，我一向只要有人詢及，就毫無保留，事無鉅細的暢開言談，統盤告知，從設立公司、開發票；國稅、地方稅等規定，各類材料的製造廠，材料檢測及檢測報告，施工方式與台灣不同點，各檢驗單位，設計單位，國家標準資料，檢收方式，付款方式，雇工方式……等等，不一而足。他很順利完成幾件工程，我們有時間就會電話相通或見面閒聊，二年不到他告訴我，他必須往蘇州昆山發展，配合台灣電子廠到昆山，於是互道珍重，也告訴他一切行事小心，預祝業務成功。

過了三年吧！因為工作忙碌也鮮少聯繫，但我們蘇州工廠仍是他們的供應商，他廠就是利用在中山市的工程經驗，很快在昆山買廠設公司及接工程，也都依據大陸法令制度成立工程公司的條件配合辦事。

等我聽到他死亡消息，十分吃驚也悲慟萬分，他的死亡經過，據我所知，某夜與朋友應酬吃飯已近半夜，獨自一人開車返家，路中還跟友人通話連絡，突然發現前方有警察查車，於是電話中告訴朋友說前方有查車，等一下再

撥電話，隨後他按規定停車接受檢查，立刻有三人上車，三言二語就被挾持，開往不知去處。朋友覺得不應該這麼久沒回電話，再打電話已不通，又整晚沒返家感覺事有蹊蹺，第二天報警失蹤，經過一星期後，有人在某停車場發現他的車輛，已停留數日未領，而且有臭味散出，報警打開車廂，他已死亡多日，屍體已腐臭，經家人認屍確認後，悲傷痛心不再話下，經過數月作案刑犯將搶來的手機低價賣出，買的人一使用被查到，再經蘇州昆山全面搜查終於捉到殺人犯三人，最後經過刑事調查、法院判決，以假冒警察蓄意殺人罪，判處死刑！

這件事對我來說，雖然只是學生做生意，不幸遭遇意外死亡，但他在廣東省做生意，請教過我數次，已盡量告訴他許多事，但是只有一件事忘記提醒，讓我這輩子耿耿於懷。在廣東省我有許多公安朋友，曾一再告誡我晚上開車千萬小心，除了路面不良外，就是小心車匪路霸，深夜有人攔車千萬不要停車，有許多搶劫犯，晚間在路上攔車，如果你好心一停，他們就會上來，要脅給錢不給就捅刀子，或是開了你車到預定隱蔽處將你身上所有值錢的全搶走，然後丟你在路口，駕車揚長而去，至於殺人倒沒聽過。我以為上海蘇州地區治安比廣東好，所以不吉祥的事不便多話，如果我早提醒他，也許他不會停車，再想想看，深更半夜，怎麼會有這麼認真公安查車呢？大陸警察除了抓現行犯，不會那麼晚的，我跟熟悉公安朋友聊起來，都認為警察哪有這麼認真，警察也有家眷，晚上也要回家睡覺的！可惜！真可惜！就是少說一句話，少想一點可能性，或許就不會如此命喪黃泉！留給家人無限傷痛，事後我也親自前往並向他太太表達慰問之意，這時已無言

相慰？只能點三支香默祝一路好走！

　　他太太自此後虔誠信佛，參加慈濟愛心工作，時而在微信中傳播些關愛世人，為善信息，令人敬佩！！

第五十篇、故鄉只在夢裡

記得每年除夕，必定祭拜祖先及地主，方向必定是西方，牌位擺上位，上面記載著胡氏宗支及胡氏外脈，均自高祖考、妣至在台灣往生者，祭祀已一桌酒菜供奉，豐盛的菜，十支酒杯，上飯時，一碗飯插三支湯匙，筷子放酒杯左手邊，點香點蠟燭，由父親母親帶頭分別點香祈禱，先祭地主，次祭外脈，後祭祖先，家人依行跪拜禮，並分別焚化紙錢，祭拜完，母親將冷菜加熱，全家圍坐吃年夜團圓飯，父親每到這時總是提及家鄉祭祖之事，母親也會說起西湖之美，日夜及每季有不同景色，龍井的茶虎跑的泉水又是多好喝，滿城可以嗅到桂花香，泛舟在西湖是多美多愜意事，靈隱寺沿途都是乞討人，有錢的人準備很多銅板，吩咐下人每人一個，發完為止，進了廟宇又是多麼隆重肅靜，誠心誠意三跪九叩，按心願再抽支籤，靈隱寺佛像已歷千年，非常靈驗，杭州人非常相信有事必求，並囑將來返鄉一定要去拜拜！說到岳王廟，秦檜夫妻的鐵像就跪在岳王墳前，是如何被羞辱，並告誡我們人不忠不義，會是永遠被人唾棄的。

說著說著，往往父親哽咽，母親落淚，思鄉之情讓我們兄弟每每難忘自己的家鄉，期望著有朝一日能回鄉看看。

民國77年（1988），政府宣佈准許返鄉探親，當時我已是43歲中年人，家鄉的美麗、溫馨，一直在我記憶中沒能忘懷，毫不考慮上簽呈，請准予返大陸探親，當時研究所不屬公務人員管制範圍，所長當場立刻批示並囑咐一路

順風小心。顯示台灣主官都有成人之美。

我定了機票飛香港再由香港轉杭州，臨行前向父親秉告返鄉之事，也問及要否同去？父親答覆是身為國民黨，一輩子公務員，且慢！由我們先去探路再說吧！也交待家鄉有那些親戚，老家住在宿舟湖下……帶些禮品分送親戚，母親已於64年逝世，安葬內湖，只好在母親遺像前禱告，希望在天之靈跟著我們回家鄉！一起回去看看久別的故鄉。

坐上飛機到了香港旅行社安排一夜住宿，第二天才有飛機飛杭州，香港機場果然是一流國際機場，人潮多，飛機也多，還好指示標誌明顯，動線清楚，領了行李，出關招了計程車，告訴他到某旅館，「唔知」！聽不懂國語，寫了中文地址勉強懂！車開了！他說的白話（廣東話），我不懂，我說的他也不懂，同樣是中國人，奇怪！後來跟他說英語，他懂了！而且變客氣了！原來在香港能說英語可是高人一等，無形中他矮了一截，以後到香港採購……我會先用英語，必要時才用國語。到了酒店櫃台居然能國語對答，喔~原來是請來的大陸人，繳了費進了房，哇！那麼小間只容單人床，衛浴共用，行李勉強放，管他的，只有一晚！櫃台小姐跟我聊起，她對台灣並不清楚！香港人告訴她台灣有多好，比香港好，台灣人有錢，她不相信，她說有次接待一位老兵告訴她，老兵的工作是清潔員，才知道台灣一名清潔工也有能力買飛機票探親，當然她受的是中國早期教育，怎會知道國民黨好呢？記得有一次，員工買了串家中種的香蕉給台幹吃，還特別叮嚀說香蕉要剝皮吃，台幹疑惑之餘，細問為何如此交待？他說台灣香蕉全部外銷日本，台灣人只能吃香蕉皮，原來是中國的教育

文宣，令台幹哭笑不得！

　　第二天到了香港機場，候機上廁所時，前面一陣騷動，只聽一位廁所清潔女工用香港話罵著一位台灣老兵，老兵一臉無奈也聽不懂，詢問之下原來老兵不識英文字及圖形，錯入女廁所，被清潔女狠狠罵一頓，於是我跟她說，他年齡那麼大了！罵他幹嘛！他又不識英文，又是第一次出國，別罵了！他提著水桶悻悻然走了，口中還念念有詞。唉！又老又可憐的「老蚵仔」年青時跟著政府到了台灣，一輩子忠黨愛國，有些未婚到老，好不容易等了40年，挨到能返家探親，到了香港機場莫名奇妙還被羞辱一頓！我帶他去登機口，告訴他怎麼去，才離開。這時我想，台灣政府開放探親，為什麼不派些政府官員輔導、引導他們去大陸，退除役輔導會在哪？駐香港的外交官員在哪？怎麼不派人作些引導工作呢？兩岸分隔了40年，互通是件多麼大的事，為什麼不規劃一下細節，這些老兵為國為民付出了青春，也付出了一輩子，政府替他們作了什麼？返鄉是德政，但別忘記這是他們應得的權利，剝奪他們一輩子，返鄉時沒有任何輔導、協助，任憑他們自己摸索返鄉！還受人羞辱！真是情何以堪？

　　起飛後，聲響特大，才知是中國民航機，蘇俄製品，忍著吧！三個小時後到了杭州，從機窗往下看，是有條河流（應該錢塘江），其他一片綠，看起來蠻好的，這時心臟略有加速，有些緊張，是近鄉情怯？飛機停在機坪，看到些草綠色軍機，建築物顯得破舊，這是民國時期空軍健兒的搖籃機場一筧橋，機場內有紅配綠軍裝人員，似乎跟電影中有些出入，迎著你的是似笑非笑的莊嚴相。

探親嗎？

是！

待幾天？

一星期！

歡迎你！！

圖章一敲，提著行李出關了，有位堂哥，一看就是我們胡家模子臉；

你是興邦？

是啊！還好媽媽從小教我們杭州話，沒忘！你是興農哥！

我伸出手你好！雙掌緊握，親人的感覺一時間不知所措，說實在的，握著手我沒感覺，倒是他眼中泛淚，雙手握緊我久久不放，他老婆趕忙幫我提行李，說走吧走吧！車在外面等，順著大門坐上一台老舊車，到望湖賓館，一路上窗外建築物沒新的，都是舊的，不見色彩只有灰白，標語看板倒不少，路上兩旁法國梧桐樹拱起遮陽，很美，到了酒店看到了西湖一角，美！房間內設施還過得去，乾淨就好，只有一樣東西，是我住過飯店沒見過，「痰盂」！晚上沒敢出去逛，因為外面一片漆黑，路燈似乎只照亮自己燈腳！第二天早晨七八位親戚早已在餐廳候著，正好一桌，堂哥逐一介紹，也不記得誰是誰，穿著個個樸素，不是藍就是灰，加上一位穿軍裝的堂哥，他們年齡都不大，但多年風霜已明顯在臉上，黑黑的手背，皺紋滿

面，顯得老態，好像經歷多年滄桑，這些就是胡家同輩份的家人，父輩的早已不在。

大家各別介紹後轉而談到台灣，我當然照實說台灣的政府，台灣人的民主，台灣生活，家中的情況，甚至我們的教育、當兵等情形，也拿些家人照片分給大家看，他們聽得有如天方夜譚似的，靜靜地默默地，偶而問些問題，偶而又嘆口氣，偶而泛出難得一見的笑容，感覺到他們是想說又不敢說，這時上菜了，哇！連上十二道，量大疊起二層才能擺得下，心想這怎麼吃得完，每人倒上最好的黃酒（女兒紅、加飯），舉杯互敬，祝福胡家昌盛，沒想到兩岸親戚就這樣相聚一堂，也是我日夜夢想的自家人，喝到中巡，突然有位堂弟，借了酒，開始向著穿軍裝堂哥說，你們這些共產黨騙我們，說臺灣同胞吃不飽穿不暖，是美日兩國走狗，今天興邦哥回來了，咋了！反倒我們生活飢苦，怎能與他們相比？真是不鳴則已，一鳴驚人，小老百姓也是一樣，堂哥不敢多言，也無反應，其他幾位也相互附和，我們多苦啊，文革時差點被整死，就是因為有親屬在台灣，劃成為黑五類，聽他們一說才知道有太多太多的不公平遭遇，這個被鐵幕封閉多年的社會，顯然有很多很多我們不知道的。

大家繼續喝酒吃飯，這菜對我來說，真夠鹹！吃不了幾口，最後剩菜一堆，大家似乎沒要打包之意，看是要面子，我跟他們說打包吧，台灣人都是這樣的，於是要些塑膠袋打包，甚至把剩飯也打了包，臨走互道平安，改天安排去他們家用餐！興農堂哥夫婦隨後跟我進到房間，不好意思的說，我們在你這裡洗個澡，當然可以，他們為省些水，居然有這要求！後來才知家中哪有浴室，都是公共浴

室。

我去了西湖坐船遊湖，船老大居然是位老婆婆，年近60餘，帶著孫女，老婆婆一面搖槳一面細訴湖邊風景，知道我來自台灣，更特別介紹，甚至說見過蔣經國遊湖，她問我他還好嗎？告知過世不到一年，她嘆了一聲，可惜！以她的年齡，確實跨二個時代，看世事的變化也多，當然民國繁榮及共產之後情況皆曾經歷，渡完船！她們祖孫也要收工，我說吃飯時間，邀請她們共進晚餐，她欣然答應，她找了一家也是公營飯堂（當時似乎沒有私營，頂多是賣些零食的攤子），進去後，侍者問吃什麼？我說有菜單嗎？他說同志！我們快下班了，點現成桌菜不貴100元，我想人不多只有四人，好吧！沒想到不到一分鐘，哇！十道菜全上了，原來是現成套餐，一樣是疊起，席間老婆婆又說許多杭州故事，尤其說靈隱寺在文革時差點被破壞了，幸好浙大的學生及民眾包圍著廟前，不讓外來的紅衛兵進入破壞，總算保留下了沒受損，飯後請老婆婆全部打包回去，她高興得很呢！地方事蹟，也只有當地老人才能一五一十說清楚，不管是真是假，總比兩岸的近代史說辭可信得多！

第三四天親戚介紹杭州官員（外經貿）等，黨部方面也特別派人關心，名義是歡迎，暗地裡似是監視瞭解，他們很關心返家的杭州人，主動派車並派位年輕剛大學畢業的公務員，陪我各地參觀遊玩，每到一處總有些啥部門的人員見面交談、吃飯，除了名勝古蹟外，也順便看了不少的工廠，有織布廠、冷凍櫃廠、乳牛飼養場、手飾廠等等，他們希望我返台找人來參觀投資，當時他們的設備及技術真的很落後，跟台灣比，相差20年以上，看到投資可

行性報告，光是人員就幾百人之多，想想在台灣有些相類似工廠，只不過幾十人，人力運作差上十倍以上，經瞭解，國營工廠每一廠必須養大批退休人員，負擔很重，投資者哪敢接辦這類工廠，計畫性經濟只有國營，沒有私營，跟自由經濟相較有很大的差別。

第五天一早我自己走到浙大園區、發現許多學生在早讀，這在台灣早已消失的讀書風氣、這麼認真讀書為啥呢？我坐下來問了二三位學生，你們不擔心就業，為何那麼認真，有二種說法，成績好的，畢業後安排工作比較好，收入多，發展性強，有一位正在讀英語，他一心想到國外深造，必須通過托福、GRE考試，再加家庭經濟許可，就能申請美國大學獎學金，倒是跟台灣學子有同樣的想法。浙大的歷史很悠久，教室等建築略顯灰沉，到處大樹蒼勁環繞，也象徵建校的久遠，漫步來到圖書館，發現一塊磚，上書寫香港邵氏電影邵逸夫捐贈，聽聞他在大陸許多大學都有捐贈，令人敬佩。另聞胡家遠親當時是位浙大副校長，後來出了些問題被整肅了；做事難啊！為官更不易啊！

有一天晚上被邀請至親戚家吃飯，他家住五層公寓房的四層，興農哥陪著我一路用手電筒照著走，馬路上可沒多少路燈，就是有也是距離很遠，黑漆漆的，總算摸索到了樓梯口順著扶梯走上去，一步一階可不敢匆忙，到了家中不脫鞋，進門客廳已擺好一桌飯菜，寒喧後入座，桌旁是布簾，掀開就是一張床，一大間房靠布簾分隔，沒廁所浴室只有尿桶，方便必須到公廁才能解決，家中也沒擺飾，更沒有電器，吃喝拉撒睡集中一房，一家五口一張床（房），擠在一起，原來台灣的政治文宣報導，都是真實

不虛假呢！

　　最後一天要求看看胡家祖宅，就在通往北京的運河旁，門前大門雖然已破舊，仍可以看出當年大家族的門面，裡面住的全不是胡家人，胡家早已被掃地出門，大廳可大呢，都分隔成住房，通道只容一人過，柱頭粗壯，房屋全是木造，樑木上雕有文物，年久已看不清，嘰嘰嘎嘎的上了木樓梯，上面一樣是幾家住房，不便打擾，照些相片就告別了，帶回供父親回憶參考吧！這麼大的宅院，當時可算是大家族，又是在運河旁，停靠龍舟的河邊，足證祖上確屬名門望族，有房有地，1949年後，地主就不再是望族，全部被打成了黑五類，一輩子也提升不了！子孫們讀書只能到高中，在社會中變成最低階層，共產主義講究沒有階級，結果反而打成了二分法黑與紅，是否自相矛盾，馬克斯在天之靈知道，是違背他的原意會怎想呢？誰知道呢？

　　第一次回到家鄉，感受很多，美麗的西湖仍然靜靜躺在那裡，城市破舊不堪，新的建設少之又少，汽車不多，滿街盡是腳踏車，成千成萬的在街上奔走，服裝都是藍色灰白，難得小學生掛個紅領結，也有不少穿著軍裝到西湖來旅遊，人們的臉上不易看到笑容，也都沒什麼表情的多，吃的東西便宜又簡單，百元可以上一桌菜，用的人民幣幾毛幾分錢，外來的客人使用的是外匯卷，只有外匯卷才能買到國外產品，每人薪資是幾十元到百多元，警察服裝與軍人相似，有時真分不清是軍人或是警察，政府官員顯然為了兩岸溝通，免不了善意熱烈接待，他們稱之謂統戰，更希望台灣人來投資以增進雙邊瞭解及增加就業率，可惜當時看不出有多大商機，只有低廉的工資是唯一可以

引起投資客的興趣。我媽在世時所說的杭州，似乎改了味，變了質！總結，還鄉很失望，原因何在？政治及領導人，顯然是影響人民生活好壞的重要因素，鎖國幾十年，怎能不落後，40年來，國際每個國家都實行自由經濟，突飛猛進，只有共產國家似乎忘了發展，計畫經濟怎能趕得上自由經濟？每個人都有私心，怎能共有財產？社會上經過了三反、五反、文革，這些運動早已弄得民不聊生了。親屬問我將來要住在家鄉嗎？我只能含笑以對，所謂可愛的家鄉定義是作夢都會夢到的，也許我父母作夢會夢到杭州，但是我們兄弟姐妹，生在台灣，長在台灣，夢到的全是台灣，也就是說我的家鄉在台灣！

第五十一篇、會計出納的重要性

　　台商在大陸開廠經商，聘請會計及出納，會特別謹慎，甄選報到後，對會計出納也會特別優待，總會施以小惠攏絡他們，以期保守公司的機密，況且國稅局及地稅局也是台商必須慎重應對的單位，每個月必須報營業稅，尤其內銷，涉及增值稅票，外銷也涉及到退稅，買發票本，送資料等，會計經常二三天就要跑一趟，辦得順利還好，跟承辦人關係搞壞了，辦起事來，可要命了！如果用台灣人或親戚，光是填表用的簡體字，不能有一筆差錯，錯了就要重填，這幾年改用電腦直接連線報稅作帳方便些，在電腦上直接作業，錯了還可以更動，但這電腦購買維修，在我們鎮上只有一家別無分號，難免讓有關係的人可以賺到錢。每年三節的禮數，台商們難免送些禮物給承辦人聯絡交情，為了以後辦事方便。

　　我們聘過的會計出納，進出也有十多人，大多數是優秀的，是盡責的，甚至有些還會替老闆設想如何降低成本，增加利潤，每年年審，往往是決定會計是否續聘，當然年終時，會計出納的紅包總是比別人的多。

　　多年前公司有位小會計剛從學校畢業，人也長的清秀忠厚，進來協助會計登帳，一切還算盡責，過了一年，廠裡有位安徽籍司機，猛追小會計，辦公室職員全知道，只有我老闆不知，二人關係似乎很快到了男女朋友階段，甚至有人看見他們同房。有一晚我在餐廳與台商共進晚餐，突然接到來電，居然是那位司機打來的；

　　我很奇怪問有事嗎？

他說老闆,小會計在我這裡,我們有張公司的進出帳碟片。

我心裡已有些明白怎回事,接著問,你想幹嘛?

我只要五萬元,我們不想做了!

我笑笑說,你們知道這是違法的?盜印公司資料,我不怕,我們的帳全是守法的,如果你要投訴,明天我會到公安報案你們竊取電腦帳,你們會被通緝,年紀輕輕何必呢?想清楚些!

他隨後掛了電話!第二天到了辦公室一查,原來會計正好請假三天,小會計有鎖匙開機,隨時可以拷貝資料,但我想小會計沒這膽量,一定是那司機慫恿,隨後我們在公安所報案留下二人資料。過了二天,司機又打電話來,仍是那句話要錢;我說很抱歉,我不會給的,也報了公安,希望你們最好回頭是岸!

我又問小會計在旁?我跟她說話,她接了電話,畏瑟的說胡董對不起!

(聲音很輕,認錯似的)我趕緊委婉的說,別那麼傻了!你是學會計的,學校剛出來,大好前程,聽他的話不會有好處!你被公安通緝,這輩子白學了,也不會有人敢再僱用你,值得嗎?她沒作聲,電話中聽到她細微哭聲;

好了!不多說了!你自己慎重考慮!別盡聽他,誤入歧途是你啊!

我掛了電話,心想她是無辜的!之後他們再沒來電

話，似乎這通電話發生了效果。不久我去公安所再報案說那小會計承認自己錯了！撤銷對她的控訴，但對那司機我仍然保留追訴權。

　　我也聽過好幾家台商會計及出納出問題，最嚴重的是把幾十萬元現金提走，避不見面，在職工作已十多年，老闆對她也很好，結婚時還特別去拜訪，設宴包大紅包，幾乎當自己乾女兒般對待，沒想到結果仍是受人誘惑，最後是退了一半，說是其餘給她當退休金，台商不敢報警，顯然她知道公司的內幕太多了！！

　　當然會計及出納是很重要，現金管理最好是自己的親人，至少是台灣人忠貞度較高，不易出問題。公司作帳，現在大多交給正式的會計師事務所，至少他們非常內行，對於稅務人員的調動，個性態度都了然於胸，知道如何應付，中國會計法條文繁瑣，要深刻了解透徹，由他們處理報帳，不易出錯，當然公司帳還是越開放越清楚越好，萬一有事也不怕別人要脅或查帳了！

第五十二篇、澳門賽車

每年澳門到了十一月，為了賽車，市區開始逐漸在幾個地區道路旁興建看台，在最有名港澳碼台對面，一列幾百米的看台，道路旁也圍起鋼結構防撞圍牆，豎起了看板廣告牌，馬路開始檢查是否平整，網路上登出廣告及購票方式。

除了在各地售票處，依不同時間及賽程，有不同的票價，一般平時練習場只要50元葡幣，星期六、日正式比賽350元不排位，550元區較中間段，可以就近看賽車啟動。所有參觀票券可以網路上購買，但需於當天到現場購買處取得票券，當天早晨七點開始封閉道路清理現場，先有練車半小時，約九點開始正式比賽，各式各樣顏色賽車及駕駛在起點已排滿等候，賽車圈數自10圈到12圈。

第一天賽程及平常時間都是練習場地及排位賽，到了星期六及星期日就排上正式賽，大約5~6場，由不同單位提供亞洲盃比賽，最後就是格蘭披治（Macau Grand Prix）三級方程式大賽，賽車的賽場非常重要，總長度6.2公里，最窄寬度7米，大部分路段，在澳門老區及新區有高級直路及迂迴急彎，曾被世界承認這條賽車道必須有極高駕車技術才能安全競賽，三級方程式圈速紀錄至今是2分10.732秒，是2009年莫他拿（Eoardo Mortara）創造的，至今未被打破。

我們自小就冀求有一天能成為賽車手，戴著頭盔及手套，穿著華麗賽車服、靴子，有時到電動遊戲場，難免花個幾十塊錢，玩一下模擬賽車的感覺，偶而看到電影裡的

比賽，真羨慕他們橫衝直撞的英姿及勇氣，夢想有一天也能馳騁在賽場。等到成年後考上駕照買了車上路，發覺汽車只是代步工具，不是用來比賽的馬匹，還得規規矩矩在公路上，按部就班開車，早晚上下班時間，心急，空氣又糟，煩躁得很，汽車反而是個累贅，恨不得拋棄它下車走路算了！夢想中的賽車手，這輩子大概已沒機會了！我記得，是在大陸廣深高速公路剛蓋好沒多久，車輛少，也沒有照相測速，我們有些台商朋友曾在廣深高速路上飆車車速180km~200km，只花了30幾分鐘，開完全程，那種興奮感覺不輸給夢想，過乾癮吧！

昨天（2013.11.10）特別上網買了票，到澳門港澳碼頭，取了票看完地形圖自地下道轉入對面看台，途中陸續看到些賽車及汽車維修技師做準備工作，進了門分成二區，我買350元進到水塘看台，覺得視線最佳，不敢坐在前幾排，朋友說，萬一撞上飛起的碎片，說不定會受傷；上了第二塔台高處看得更明顯，可惜下著雨，地上滑，賽車更難控制。我自備了水及麵包，現場都有飲料、食物、用品供應，但價格高，我只買了把傘，港幣120元，哇！在大陸一把絕不會超過20元，想想澳門投資夠大，花些錢也值得，觀眾陸陸續續越來越多，以香港澳門人最多，大陸台灣人次之，還有不少外國人（歐洲人居多）。

現場開始封閉賽車道，各路閘口開始關閉，改道行駛，開始清道，由安全車（Safety Car）繞道檢視，完全確定沒有障礙，地上沒有雜物硬物，經練習車試道，沒有異狀。

第一次賽車開始，香港杯際賽，賽車是普通車改裝，

需要繞10圈決勝負，在啟動線，按前些日子排位賽名次，分列停二排，前面有黑色前導安全車帶頭繞一圈，後有二部白色安全車隨後，賽車有各種顏色並打上了許多標誌、廣告及賽車手名字，其中有二部車在車頭上貼上五星旗，起初以為是中國賽手，等到得獎手現身竟然是外國人，討好中國方式真不錯。看台前方一排是維修房，有十幾個，以備賽車之維修及換車胎，二樓是VIP室，有裁判及各國會員俱樂部（Club）掛了十幾支國旗，我發現有一面難能可貴的台灣奧運旗，應該有台灣人參賽，因為沒有列名，也就難以知道是誰，除非得了名次，電視自然會報導。倒數計時開始，時間一到，黑車開始領導移動，引擎聲由小而大，震耳欲聾，一台接一台加速開始比賽，大螢幕轉播得很仔細可惜只有二種語言，英語及廣東話，大約三分鐘左右繞了一圈，白色安全車及黑色車退出跑道，真正比賽開始，看著賽車呼嘯而過，聲音都振動地板，觀眾心情情緒也被拉高，時而發出呼聲，看那領先的跑車急駛而過，維持前導，後面車為了超越前方車，左右搖擺，不斷找空隙，而前方車可不是省油的燈，也左右擺動不讓後車壓上，遇到急轉處，真的危險重重，賽車在極高速下只要碰觸上鐵欄杆就會車毀甚至人亡，有人告訴我去年就死了二名賽手。一圈又一圈後，前後車距拉長了，電視上不斷顯示車號名次，與第一名相距秒數，尤其當二車爭道時特別精彩，電視更是特別現場播，甚至重播，當後車居上，觀眾也會鼓掌叫好，等到有跑車撞上或互撞時，呼聲更大，驚嘆聲，唉叫聲混而一體，這時你不懂也會懂得激奮的拍手叫好……身歷其境的感覺，與看電影迥然不同，比完十圈（Last Lap）定出前三名，車子進入休息區，各家電視公司趕來採訪，只見賽手跳出車外，高興的舉手大叫，脫

了頭盔手套,有位獲勝的車手高興得爬上車頂抱著車蓋擁吻,高興在上面蠕動,然後三位賽車手登上領獎台,由不同人獻草獻花環,頒獎牌及獎杯,最後每人一瓶香檳,開了互相噴灑、敬酒、喝酒,戲笑中完成熱鬧而莊嚴的頒獎禮,當然不少辣妹穿插其中,使得畫面更有看頭。

每場休息時間,觀眾都會去購買飲料食品,抽個煙,上個洗手間,還有人買酒喝,出售的酒沒有玻璃瓶罐,全是塑膠瓶杯,為了安全吧!喝著啤酒看賽車,你想這多惬意,似乎在其他類會場是見不到這情況,這就是賽車的豪情勇邁!洗手間在每個區段中間,規劃得很方便,在看台的前方,每一段有位保安人員在場守護,防止有人扔出東西影響賽事,防止在護欄停留,以免妨害別人的觀賞,雖在戶外仍在看板上顯示禁菸違規罰600元,保安人員非常努力執行任務,站立整天也夠累的,以上的措施可見澳門賽車,行之有年,規劃作業非常得體完備,值得學習。

賽車時,因速度太快,無法辨識前方狀況,意外碰撞或翻車過程,不難看到,有一場Super Trofeo亞洲盃競賽,賽到第八圈進入第九圈時,第二名非常靠近第一名,他毫不考慮要爭先,經幾次插入空隙未能成功,最後一次抓住空間硬是駛入搶先,在那兩車並排時,前後差不多半公尺左右,只剩微小空隙,大家開始鼓掌叫好,歡聲雷動,電視播報員,更是聲高氣急喊著快追過,快追過了!哇!電視畫面清晰顯示現場,6號車及33號車擠在一起只有零點幾秒,突然間只見兩車發生稍許摩擦,竟然兩車碰撞一起,立刻塵土飛揚,撞到護欄,兩車熄火,似乎無法再發動,這時全場人員驚叫聲此起彼落,糟了!糟了!撞在一起,整個畫面從兩車追趕到相撞,全在觀眾眼底看到,起初觀

眾站起來興奮的鼓掌，歇斯底里的呼叫，突然間失望驚嚇喊叫可惜可惜！無奈又嘆惜坐回原位，這幾秒鐘精彩過程，不在現場觀看，不會有刺激快感情緒的釋放！可惜這兩車原已篤定第一、二名，就此泡湯，只落個不排名，而緊隨的第三、四、五名賽車好運當頭，後來居上，你說這種賽車有多好看！

明年我還會去看，這不比看球賽，整天賽程，讓我像坐雲霄飛車快速上下左右飛轉，真過癮！真刺激！真希望廣東台商們有機會別放棄這每年一度的賽車，所費不多，距離不遠，進出也方便，重要的是絕對值回票價。

第五十三篇、廈門凱歌高爾夫球場趣聞

　　1990年，大陸剛發生64天安門事件，台商幾乎人人風聲鶴唳，非常緊張。當時江主席剛接班領導，世界各國因天安門事件，對大陸投資及旅遊也宣告暫停，港台同胞對大陸投資也幾乎停頓；大家不約而同，一致採取觀望，預測未來是否會回到文革時期。這時台灣凱歌公司老闆陳董反而逆向投資，大膽簽下廈門最美麗的海濱風景地區，要蓋高爾夫球場，我有幸經好友介紹擔任空調設計師，負責設計及水電監工，曾有數次到廈門考察及實地監工的機會。在台灣早有設計高爾夫球場House的經驗，在大陸可是頭一遭；大陸官員對高爾夫球非常陌生，據說這球場可是國內第一個開工。經過了三個月繪圖，多次跟建築師交流，並到現場廈門收集一些資料。當時廈門未開發，城市仍是荒涼一片，絕大多數是台商過去投資工廠土地及別墅，這跟地緣絕對有關係，語言也相通。初次去那裡看到廈門人都愛穿拖鞋，說閩南話，口音與南部台語相近，他們聽得懂台語約百分之九十，一眼看過去，能輕易由衣著立即分辨判斷那裡人。到了廈門，台灣人無形中都會有親切感。手頭上金錢不缺，很自然的下訂金購房，當作第二個家或別墅。

　　凱歌公司初到，開天闢地，離不開要委託當地人，村民都會以最原始的雙手及鋤頭及簡易機具做推土工程，總經理為照顧農民，簽約同意了。過了數日，有軍方出面要求承包工程，理由是軍方有堆土機及剷車，設備齊全，可以加速完成；總經理委婉告訴，已與村民簽約了，軍方秘書說這是我們的事，不必擔心，我們會妥善處理。陳董及

總經理當然拗不過軍方，開工將屆，明知軍方實力雄厚、地方勢力也大，仍忐忑不安，擔心會出啥事？只好聽天由命。以下所言是聽來的，是假、是真？不敢求證！開工當日，一群村民扛著鋤頭、鐵鏟準備開工，另一端軍方可是堆土機，軍車一字排開，軍人也提著槍枝，整齊列隊待命；村民大概已知道狀況，群起鼓噪，軍方秘書荷著槍大聲叫著，村民們請你們退出，不准向前，上面有命令堆土工程由軍方承包，希望不要衝動，回到村裡去！村民哪肯罷休，村代表也是頑強不肯退縮，僵持一段時間，村民提著農具突然間湧上來，瘋狂向前喊殺！喊打！好像電影中的文革鬥爭，軍方可不示弱，秘書下令開槍，舉槍射擊，只聽一排槍響，村民前排幾個應聲倒地，前面倒了，後面可不敢動，顯然子彈可不長眼，命還是重要，這時時間凝著了！村民不動，軍方也不再射擊！只聽一陣哀嚎聲竄起，村民趕緊扶起中彈村民，二人扶起一人，退回去了，村代表知道沒輒了！喊著大家回去吧！回去吧！之後究竟有沒有人被打死？有多少受傷的？沒聽說也沒人敢說了！到此人群散了，軍方取得工程權，每天陪著凱歌幾位領導吃飯喝酒，甚至打牌唱歌，雙方和樂融融，好像忘了與村民的鬥爭事，似乎不曾發生那件事，工程是如常進行，軍方命令一下，行動一致，工程也及時沒誤工期。有一次我正好去廈門監工，晚間大伙聚餐，副司令也在場，喝酒方式很特殊，酒令特多，幾乎動輒得咎罰酒：站起乾杯、舉杯乾杯、錯話乾杯、上洗手間也乾杯、輪流乾杯、大家一起乾杯。還有酒令呢：感情深一口悶，感情淺舔一舔；感情鐵不鐵？鐵！那就不怕胃出血。

感情深不深？深！那就不怕打吊針。

　　哇！都是40度以上的白酒，跟軍人喝酒就是爽，只要碰杯就是乾；平時酒量還算可以，這晚可是酩酊大醉了！第二天大家都在說，台灣來的胡教授也被我們灌醉了！得意之情，溢於言表，好像兩岸別的沒得比了，只有酒上爭勝負！

　　開工後，水電空調用的材料（鐵管等等）全是大陸產品陸續進場，價格很便宜，經我檢查後，發現鍍鋅鐵管內外都生了鏽，有些器具外觀實在看不上眼，陳董要我報告，我直言高爾夫球證是高價賣出，但是這些材料，打開水龍頭，流出的是黃水，才有清水，降低了五星級水準，客戶怎麼能信服？陳董是聰明人，聽我一說，怎辦呢？全部材料自台灣進口，至少要十年二十年不出問題！陳董轉頭告訴總經理及總工程師，所有材料全部同意進口，一定要達到五星級國際標準。台灣人重視品質及聲譽，只要說得有理，自然多投資些無礙了！

　　總經理有次吃飯時告訴我二件事，證明當時軍方勢力有多「火」！有次總經理跟副司令休閒打牌，打了八圈，老總說，啊呀飛機時間快到了！是不是暫停，下次再陪司令打，司令沒有不高興的樣子，立馬叫秘書，打電話到機場，通知他們飛香港飛機暫時等一下，秘書依令撥話通知了！麻將繼續，倒是老總心中懷疑，口中仍低咕著，真的？還是假的？又打了八圈，四人歡喜收場，老總由贏變輸。這種氣氛下能不輸嗎！司令叫秘書派車送老總，道了再見，軍車直奔機場，沒經過關口，直達飛機旁，果然沒飛！上了機，隨後飛機發動，開始起飛了！他問了旁邊乘客，等多久？那人說，因通知有事故，延後起飛，也不知道真正原因。這下老總真正體驗到軍方實力，在廈門是無

孔不在無孔不入。

第二件他說副司令有次在茶餘飯後，問你們台灣人喜歡打獵嗎？老總說：台灣山區禁止打獵，只有原住民在每年某一段季節可以狩獵，司令緊接著說，明天我帶你們去，早晨八點在機場見面；老總能說啥！ok！明天見。第二天沒事找了二位台灣幹部，到了機場，停好車，立刻到軍機停機坪，坐上一架直升機，坐定了，開始起飛；機內不到八人，聲音嘈雜，也沒啥交談，也不知飛到哪裡了！二小時不到，飛機降落在一處平坦草地，四周高山林立，森林密佈，下了機每人給了一支類似卡賓槍，子彈上匣就能開打，台灣男人都當過兵，拿起槍，訓練三分鐘就能操控！就這樣在山區裡開始打獵了！經過四五小時，收穫不少，有山豬、狸……放入袋中，上了直昇機，打道回府。晚上可有新鮮獵物可吃了！多爽！這就是早期軍方勢力，可大著呢！

凱歌高爾夫球場完成了，當時球證賣得不怎樣，球場在廈門可是一流的水準，可惜幾年後，陳董過世了！球場繼續經營，但已大不如從前了！

第五十四篇、大陸駕照好考嗎？

　　十多年前的大陸駕照，真的好考，不論是筆試、路考都很容易通過。當時筆試不用電腦，全是紙張作業，很容易小抄舞弊，路考更是名堂很多，第一次考不過，教練都會說要不要交些錢？就過關了！甚至在省外有些偏僻城鎮，只要有關係，花錢就能買到一張駕照。十年後改制，採用電腦，一年比一年難考，嚴格不輸國外，筆試是電腦題100題，電腦每次只顯示一題供答，要在30秒中完成，答對答錯也不知，全部答完，電腦即刻顯示幾分，90分合格，低於90分可以立刻要求重考一次，如果仍然不過，很抱歉！請你回家再研讀後，重新報名。台灣人可依據台灣駕照，只參加筆試，通過就可以過關領證，但別認為簡單，我本人看了題庫，起初認為簡單，臨場就差3~5分，考了二次，我就認真看題庫，第三次才通過，所以不看資料，不熟讀，顯然難以通過。其實在我考之前，台協舉辦過一次台商台幹一起參加考駕照，那次算是對台商特別通融，百分之百會一次通過，當然放水是免不了！

　　術科可不簡單，據我所知一次通過的不多，先要參加駕駛訓練班，學費數千元，先聽課你身體還好嗎？是對於汽車機械及電路的認識，後來是懶得教？還是專業教師不足，就乾脆免了！所以我們請的專業司機絕大多數不懂機械原理，機件名稱答不出，一級保養也不懂，有時我們台商台幹還得教他們如何判斷，如何保養，更換零件，更換車胎，原因是教練不教。到了考場，先在考試圈，帶著評審員走一圈，如果觸動警鈴警燈，很明顯過不了！下次再來，這時教練可火大了，夠臭屁的說，告訴你們要注意，

這時還失常……，問題是會增加他們費用，就算一次通過，還有路考，更不簡單，先由教練開著車去車輛稀少的公路上教駛，有時遠的，還要過一夜，而且要分擔教練的飯錢及住宿費，教練的權力很大，開不好車就等著挨罵，有些人動作遲鈍些，挨罵的特多，給些好處遞支煙，就稍微客氣。正式路考，評審官就坐在旁邊，看你發動，看你對路標警示燈，是否有相應動作，一路考下來，過與不過，評審官有絕對的權力，也就容易產生舞弊，反正這種事那裡都有；當然你真正開得穩定而動作俐落，他也沒話說通過！！

大陸駕照考試隨著經濟發展，駕訓班這行業可是生意興隆，幾乎年輕人都想考，要證照，以顯示自己技術及能力，有了駕照真正有能力駕駛的不多，沒有機會駕駛或沒法買車的駕駛，駕照就成了擺著好看的物件。

大陸駕照與台灣自用車駕照，有點不同，是超過60歲，每年需要體檢年審，年審方式不難，在交通大隊發證處都設有簡單體檢所，沒照片可以快速照相，繳20元就能簡單的五分鐘體檢，項目表內俱備，全是橡皮圖章，蓋完就算檢過送進櫃檔，十分鐘辦完，你可以再准開車一年，到了70歲，取消你的駕駛證，不管你身體多健康，世界各國似的無此規定。最有趣的是取消駕照後，怕你外出不便改發機車駕證，老人騎機車不是更危險嗎？況且大陸很多市區禁行機車，真不知這條法規當年是如何通過的？它的依據又是什麼？

有的父母看到自己兒子考上駕照，疼兒子免不了拿錢買部新車，讓兒子也拉風拉風，順便也能帶家人一起去

旅遊。買車便宜，有價格不到十萬元，甚至幾萬元也能買部小型的得力卡，但是養車可不容易，每年要年審（現在新車每六年一次）平時要保養維修，汽車一發動，就是油錢，油價逐年加高，開車出去玩，過路費，不比油錢少。甚至超過油錢。真正受益最大的是汽車及汽車零件製造業，大陸各地都有國內國外汽車製造廠，產量每年不斷提升。最值得一提，十年前大陸汽車以廉價方式大量出口落後地區，數量不少，另外中石油，中油加油站可是加油排長龍，尤其加柴油的卡車，有時還加不到油呢！

　　大陸汽車製造量早已趕上日本、美國，而且未來潛力更大，地方政府在汽車相關行業中，所收的各種稅也是政府一大收入，對於大陸交通建設發揮了很大效益。雖然高速公路不斷地開發，跨河大橋不斷地興建，地方省道，環道也不斷擴大，還是趕不上汽車增加的速率。都市裡早晚上下班時間，塞車堵車頻頻不斷，有車比沒車的還慢，有些大都市如北京、上海、廣州、深圳，早開始控制發牌數量，以減少塞車。政府也不得不提高大眾捷運、地鐵、大巴，以疏導擁擠路況，希望有朝一日也能像國外要求減少汽車發證，維持良好市區交通，減少市區空氣的污染，希望能帶給都市居民清新的2.5ppm以下的空氣品質。

第五十五篇、921大地震前之危機

在1999年那一年，海峽兩岸因李總統登輝失言，引起雙方互拋政治恐嚇語言，顯得有些劍拔弩張。同時台商們私下互相討論兩岸戰爭危機，我們會如何？傾向哪邊？在這裡做生意，財產人身全投在廣東，萬一雙方有戰爭，台商個人生命保障？又如何返台？到時航運必定不通，生意一定受影響，員工數百名如何安排？員工遣散？整廠空洞又如何保障？台商、台幹的安全？接到業務不能出貨，又如何向客戶解釋？這種種就像今年2014年越南排華，造成台商極度恐慌，搶著買票返台，像逃難似的，但這裡會出現什麼問題？真的無法推演。

我曾經問過本地公安及軍方人士，很驚訝告訴我他們所接到的命令如下：

（一）台商所設之工廠，如果廠內有暴動罷工，地方企業辦會協調並禁止罷工，嚴重的公安派武警協助鎮暴。

（二）如果是廠外有人想闖進鬧事，也立派公安阻止，嚴重也派武警鎮暴，一切要保護台商、台幹人身財產安全，責令地方幹部必須多加關心。

沒想到他們早有安排，讓我們放心不少。當然會在大陸投資設廠的台商，不會想支持台灣獨立，但是我們台商、台幹不認為如此就算安全，不管如何在有戰爭狀況下總要偷渡回家，不管局勢如何變，還是希望返台與家人團聚，究竟家才是溫暖的。幾位台商談到這裡總是說怎辦？有的說管他的，生死由命，生死在天！有的問有飛機飛別

國嗎？到福建坐小三通到金門！必要時像林毅夫一樣帶個二顆籃球游到小金門，可能嗎？

　　後來我們設想一套精彩的沙盤演練，因地制宜，新塘鎮有條河是通往珠江口，有許多機動帆船，可以去深圳、珠海、番禺等地，一條船上能坐上十位左右。找一天上午聯絡好去江邊找位年紀較大，體格瘦小的船老大，說去番禺，上了船啟動後，航行一半，算到最佳最近距離，告訴船老大改航香港或澳門，香港大比較容易找到，澳門比較難，這時船老大必定不肯，能用錢打動就罷了！否則幾個人還對付不了一位船老大？況且大家都當過兵，狠起來只好把船老大捆綁，要不然拋到海中，給他救生衣及救生圈，死不了！然後用指南針及地圖立刻向香港直行，到了就下船，轉國際機場買票返台，這計畫現在看起來好笑！當時可是真的會做，還好兩岸沒事，這計畫就此消失留在記憶中了！

　　同一年夏天永和鎮上有條公路叫新新公路，是條重要省道，湖南湖北要到廣東，就是主要道路，有幾天深更半夜，突然街面公安戒嚴，不准路人、車輛上公路，有許多運輸車、軍車、運砲車、裝甲車等等，一連幾天，都是戒嚴，也不知啥事，後來有位台商認得軍方人士，透露一點消息，說是運往廈門等地的支援軍，並且更有傳出謠言是攻打某個島嶼，究竟是金門還是馬祖，未知！重要的是說共軍只要將裝屍袋運往前線，必定是要動武。這一謠傳是真是假，台商們可是嚇著，真打？還是只是駐軍移防，移防但也不會那麼大規模運輸，大家忐忑不安，也不知該如何？明明知道台灣李總統夠強硬，台商只好等著時際發展，以靜待變。過了沒多久九月二十一日凌晨1時47分，台

灣全省發生大地震，死亡人數2300多人，上萬人輕重傷，可說台灣第一次大地震造成災情慘重，影響台灣至鉅，全省人民在哀痛中，互相協助地震善後及救援，各國也派緊急救援隊員，前來協助搶救，當然地震後的台灣正在忙亂中，也顧不了海峽兩岸的緊張。

大陸有預備小範圍對台戰爭的謠言，也不攻自破了！也就是說原來要動軍事行動，號稱要教訓李登輝，也因921大地震中止這行動，倒頭來仍然事件未能證實，也未能確認的軍事行動。是謠言還是真的，我們台商也無法判斷。總有一天雙方機密解禁才能分曉，當然任何兩地紛爭，最好不要有戰爭，對於同樣是中國人，更沒必要以武力去解決歷史的仇恨，台灣也算很幸運，有了天災就沒有人禍，希望老天繼續保佑台灣人民的幸福快樂，保佑海峽兩岸的和平吧！

國家圖書館出版品預行編目資料

珠江臺商風雲記 / 胡興邦作. -- 初版. -- 臺北市：博客思，
2015.10　面；　公分
ISBN 978-986-5789-70-1(平裝)

1.國外投資 2.企業經營 3.中國
563.528　　　　　　　　　　　104014564

商業理財 4

珠江臺商風雲記

作　　者：胡興邦
潤　　稿：胡興鵬
美　　編：茵茵
封面設計：林育雯
出 版 者：博客思出版事業網
發　　行：博客思出版事業網
地　　址：台北市中正區重慶南路1段121號8樓之14
電　　話：(02)2331-1675或(02)2331-1691
傳　　真：(02)2382-6225
E—MAIL：books5w@gmail.com或books5w@yahoo.com.tw
網路書店：http://www.bookstv.com.tw 、華文網路書店、三民書局
　　　　　　http://store.pchome.com.tw/yesbooks/
總 經 銷：成信文化事業股份有限公司
劃撥戶名：蘭臺出版社 帳號：18995335
網路書店：博客來網路書店 http://www.books.com.tw
香港代理：香港聯合零售有限公司
地　　址：香港新界大蒲汀麗路36號中華商務印刷大樓
　　　　　　C&C Building, 36, Ting, Lai, Road, Tai, Po, New, Territories
電　　話：(852)2150-2100　傳真：(852)2356-0735
總 經 銷：廈門外圖集團有限公司
地　　址：廈門市湖裡區悅華路8號4樓
電　　話：86-592-2230177　傳 真：86-592-5365089
出版日期：2015年10月 初版
定　　價：新臺幣280元整（平裝）
ISBN：978-986-5789-70-1